Der Modellhubschrauber
T-Rex 250

Zusammenbau und Einstellung

Stefan Pichel

AF287866

Bibliografische Information der Deutschen Nationalbibliothek
Die Deutsche Nationalbibliothek verzeichnet diese Publikation in der Deutschen Nationalbibliografie; detaillierte bibliografische Daten sind im Internet über http://dnb.d-nb.de abrufbar.

Webseite: www.heli-spass.de   E-Mail: abgehoben@heli-spass.de

Lektorat: Denise Fritsch

Herstellung und Verlag: Books on Demand GmbH, Norderstedt

ISBN: 978-3-8423-6080-8

Inhaltsverzeichnis

Kapitel 1

Lieferumfang

1.1   Packungsinhalt

Der T-Rex 250 ist mit einem Rotordurchmesser von 460 mm der kleinste derzeitig von Align angebotene Helikopter. Er wird in einer erstaunlich winzigen Packung geliefert. In der Super-Combo-Version sind bis auf Akku und Empfänger alle Komponenten enthalten, die Sie für den Bau eines flugfähigen Modellhubschraubers benötigen.

Abb. 1.1: Ein Blick in die nur 27 x 10 x 8 cm große Super-Combo-Box zeigt die geschickt eingepackten Bauteile.

1.2   Komponenten

Align hat die einzelnen Bauteile in Tütchen verpackt und dabei möglichst sinnvoll gruppiert. In diesem Kapitel wird der Lieferumfang detaillierter vorgestellt. Im Lieferumfang der Super-Combo sind im Einzelnen folgende Komponenten enthalten:

Die *Anleitung* ist in englischer und chinesischer Sprache verfasst. Durch die vielen Explosionszeichnungen kommt sie fast ohne weiterführende Erklärungen aus, so dass die Anleitung auch ohne tiefergehende Fremdsprachenkenntnisse nachvollzogen werden kann (Abb. 1.3). Obwohl viele der Komponenten bereits werksseitig zusammengesetzt wurden, erfahren Sie

Abb. 1.2: Verteilt man den Inhalt der Box, so kann man erahnen, welche Bastelarbeit den Piloten erwartet.

anhand der vielen detaillierten Zeichnungen, wie die Bauteile im Falle einer Reparatur selbst zusammengebaut werden können.

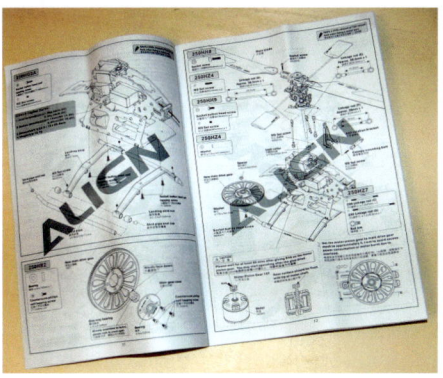

Abb. 1.3: Das Handbuch des Herstellers ist in englischer und chinesischer Sprache verfasst.

Wenn Sie die Komponenten genauer betrachten, wird Ihnen auffallen, dass Align viele komplizierte Bauteile bereits werksseitig vormontiert hat, so beispielsweise den *Heckschuh*. Das erspart später viel Arbeit, denn der Zusammenbau dieser Komponente ist sehr aufwendig. Das Heckrohr enthält aus transporttechnischen Gründen das *Heckgestänge* sowie die Paddelstange und die *Verstrebungen* zur Stabilisierung des Chassis. In einem kleinen Tütchen, das in der schwarzen Pappbox liegt, befinden sich neben den Leitwerken zwei Paar Heckrotorblätter, die sich in der Größe unterscheiden. In Abbildung 1.4 sind die Bauteile so arrangiert worden, wie sie später im Heli verbaut werden müssen.

Abb. 1.4: Größtenteils Bauteile für das Heck, enthält aber auch die Paddel!

Auch der *Hauptrotorkopf*, der *Pitchkompensator* und die *Taumelscheibe* sind bereits werksseitig zusammengesetzt worden, so dass dem Bastler auch hier viel Arbeit abgenommen wird. Die *Steuerbrücke* ist zwar zusammengeschraubt worden, muss später aber für die Montage wieder auseinandergenommen werden. Auf der *Rotorwelle* befindet sich der Führungsring, welcher die Welle innerhalb des Chassis axial fixiert. Das *Hauptzahnrad* mit Freilauf und beiliegendem kleinen *Antriebsritzel* ist das letzte Glied in der Antriebskette. In Abb. 1.5 sind die Komponenten wieder so angeordnet, wie sie sich im fertigen Modell später wiederfinden:

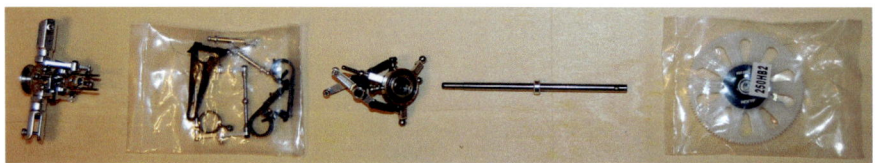

Abb. 1.5: Rotorkopf, Steuerbrücke, Pitchkompensator, Taumelscheibe, Rotorwelle, Hauptzahnrad mit Ritzel

Der *Regler*, der *digitale Heckservo*, der *Heckgyro*, einige *Schaumstoffplättchen* für die Befestigung des Gyros und diverse *Servoarme* befinden sich in einem größeren Tütchen. Das *Landegestell* dieser Version enthält schwarze Kufen und blaue Gummimanchetten. Auch das *Chassis* ist weitgehend vormontiert worden und enthält bereits den *Motor*. Da Align den Einstieg besonders einfach gestalten möchte, liegen zwei Paar Hauptrotorblätter von etwa 21 cm Länge bei, so dass der erste Crash nicht unbedingt zum Ersatzteilkauf führen muss. Die 120-Grad-Taumelscheibenansteuerung erfordert drei Servos. Hier geht Align mit der Zeit und hat sich für digitale Servos entschieden. Im Gegensatz zu vielen anderen Bausätzen legt Align eine bereits bunt bemalte Haube bei. Die in diesem Abschnitt aufgelisteten Komponenten sind wieder logisch in Abb. 1.6 angeordnet worden.

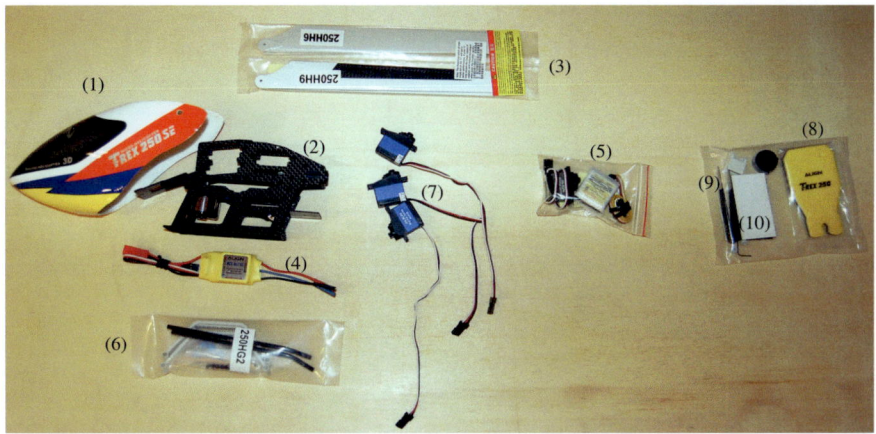

Abb. 1.6: Haube (1), Chassis (2), Rotorblätter (3), Regler (4), Heckgyro und -servo (5), Landegestell (6), Taumelscheibenservos (7), Transportfixierung für die Rotorblätter (8), Pinzetten (9), Schaumstoffunterlagen, Klettbänder (10)

Um einen sicheren Betrieb zu gewährleisten, liegt dem Bausatz geeigneter *Klebstoff* und *Schraubensicherungslack* bei. Die beiden Fläschchen sind mit R48 und T22 beschriftet. Diese Bezeichnungen werden in der Anleitung verwendet, um anzuzeigen, welche Teile wie verklebt bzw. gesichert werden müssen. Da der T-Rex winzig ist, wird auch spezielles Werkzeug benötigt. *Miniwerkzeuge*, die nicht im normalen Bastelkeller vorhanden sind, liegen dem Bausatz glücklicherweise ebenso bei. Alle aufgeführten Komponenten sind in Abb. 1.7 abgebildet.

1.3 Zusätzlich benötigtes Werkzeug

Neben den in der Packung enthaltenen Werkzeugen benötigen Sie einen *Inbusschraubendreher (1,5 mm)* zum Einschrauben der Miniservos. Mit einem

Abb. 1.7: Klebstoff und Schraubensicherung (1), Werkzeug (2), Servohebel (3), Anlenkgestänge (4), Kugelköpfe (5)

Seitenschneider können Sie die Ruderarme kürzen. Obwohl dem Bausatz ein kleines Messinstrument für die Einstellung der Pitchwerte der Hauptrotorblätter beiliegt, ist eine bessere *Pitchlehre* beim späteren Einstellen dienlich. Ein *Drehzahlmesser* ist sehr hilfreich, um den Gaswert für die richtige Drehzahl zu ermitteln.

1.4   Hilfslandegestell

Viele Piloten raten Einsteigern zur Wahl eines größeren und damit schwereren Modells, da diese Modelle träger und auch bei falscher Ansteuerung gutmütig reagieren. Auf der anderen Seite spielen größere Modelle jedoch in einer anderen Preisklasse, die ebenso wenig vor teuren Crashs schützt. Insofern ist der T-Rex 250 sicher eine günstige Option für den Einstieg.

Wer sich mit zwei über Kreuz befestigten leichten Stangen, an deren Enden

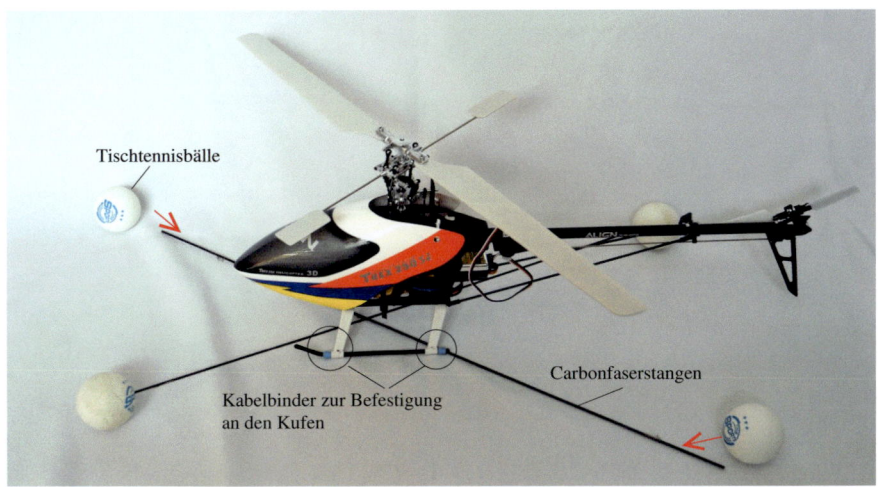

Abb. 1.8: Hilfslandegestell aus Carbonfaserstangen und Tischtennisbällen

Tischtennisbälle aufgesteckt sind, ein Hilfslandegestell zur Vergrößerung der Auflagefläche bastelt (Abb. 1.8), erleichtert sich den Einstieg ungemein. Wer vorsichtig anfängt, vermeidet damit ein Umkippen noch aus dem Stand heraus.

1.5   Unterschiede zu größeren Modellen

Der T-Rex 250 ist ein extrem kleines Modell. Da bei dieser Größe jedes Gramm zählt, müssen einige Kompromisse gemacht werden:

Es gibt keinen separaten Antriebsakku. Motor, Servo, Empfänger und Gyro werden vom selben Akku mit Strom versorgt.

Des Weiteren gibt es nur ein großes Antriebszahnrad statt zwei untereinander angebrachte Zahnräder unterschiedlichen Durchmessers. Auf der einen Seite wird es angetrieben, auf der anderen Seite treibt es den Heckrotor an. Das führt dazu, dass noch genauer darauf geachtet werden muss, dass die Zahnräder passend ineinandergreifen.

Das Flugverhalten eines leichtgewichtigen Modells unterscheidet sich von dem eines schwergewichtigen grundlegend. Es ist „zappeliger" und reagiert auf den Einfluss von kleineren Windböen viel empfindlicher.

Abb. 1.9: T-Rex 600 und T-Rex 250 im Größenvergleich

In Abb. 1.9 wurden der große T-Rex 600 und der dazu im Vergleich sehr winzige T-Rex 250 gemeinsam abgelichtet.

Kapitel 2

Zusammenbau

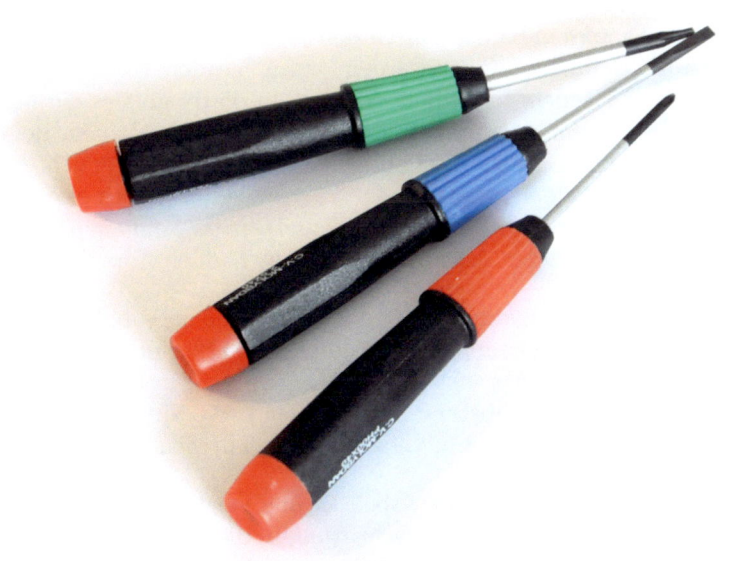

2.1   Vorbemerkung

Einige Bauteile wurden bereits werksseitig vormontiert. Viele Piloten verlassen sich jedoch lieber auf ihre eigene Einschätzung bezüglich des sicheren Zusammenbaus. Das gilt in besonderem Maße für die sich drehenden Komponenten, die viele Bastler wieder auseinandernehmen, um sie anschließend unter Verwendung eigenen Schraubensicherungslacks wieder zusammenzuschrauben. Sicherheit steht immer an oberster Stelle, so dass Sie diesen Weg gehen sollten, wenn Sie sich nicht auf den Hersteller verlassen wollen.

Dieses Buch sollte nur begleitend zur Anleitung des Herstellers verwendet werden. Im Zweifelsfall gilt immer die Anleitung des Herstellers! Außerdem ist es jederzeit möglich, dass der Hersteller Veränderungen vornimmt, die natürlich nicht in diesem Buch berücksichtigt werden können.

2.2   Rotorkopf

Der Rotorkopf ist bereits weitgehend vom Hersteller zusammengebaut worden. Kontrollieren Sie dennoch zur Sicherheit, ob die Blatthalter ordentlich befestigt wurden. Im nächsten Schritt müssen Sie die Steuerbrücke unterhalb des Rotorkopfes anbauen. Durch den Rotorkopf und die Steuerbrücke muss die Paddelstange geführt werden, wenn Sie den Hubschrauber wie im Original mit Paddeln betreiben wollen. Alternativ gibt es die Möglichkeit, ein *Rigid*-System aus den vorhandenen Bauteilen zu bauen. Bei einem *Rigid*-System können Sie auf die Paddel zur Stabilisierung verzichten, müssen die durch die Paddel zu erzielende Trägheit jedoch durch elektronische Hilfsmittel (z. B. GyroBot oder HeliCommand) später „einbauen". An dieser Stelle wird jedoch nur der Zusammenbau eines Paddelrotors illustriert.

Für die Montage der Steuerbrücke benötigen Sie die in Abb. 2.1 dargestellten Bauteile. Die Paddelstange ist das kürzeste (152 mm) der zum Transport im Heckrohr untergebrachten Gestänge. Die beiden Doppelkugelköpfe mit einem Öffnungsinnenabstand von 14,4 mm, die auf die Steuerbrücke gesteckt werden müssen, sind in verschiedenen Tütchen untergebracht.

Lösen Sie die Schrauben der Steuerbrücke und stecken Sie die Kugelköpfe auf. Achten Sie darauf, dass die Beschriftung in die richtige Richtung zeigt. In der Anleitung des Herstellers ist dies sehr deutlich erkennbar! Drehen Sie nun die Madenschrauben auf der Steuerbrücke etwas heraus, damit Sie die Paddelstange hindurchschieben können. Dazu benötigen Sie den Minia-

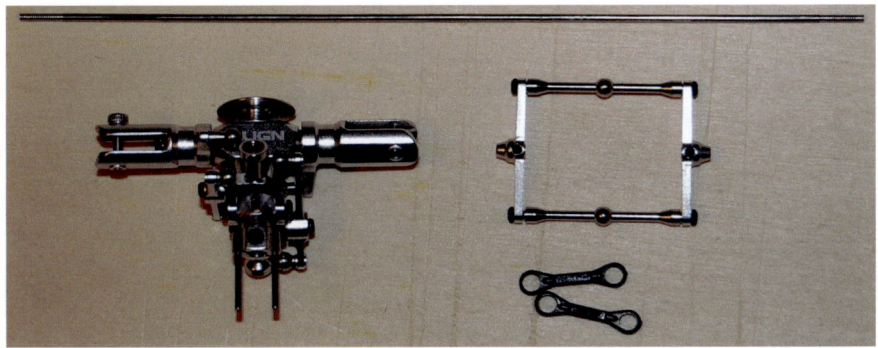

Abb. 2.1: Montage der Steuerbrücke

turinbusschraubendreher, der in dem Tütchen liegt, in dem sich auch die
auffällige Rotorblatttransporthalterung befindet. Achten Sie darauf, dass
die Madenschrauben nach dem Zusammenbau von oben zugänglich sind,
damit Sie später bei der Feinjustage der Paddelstange direkten Zugang zu
diesen Madenschrauben haben. Der mit Steuerbrücke und hindurchgescho-
bener Paddelstange ausgestattete Rotorkopf ist in Abb. 2.2 abgebildet.

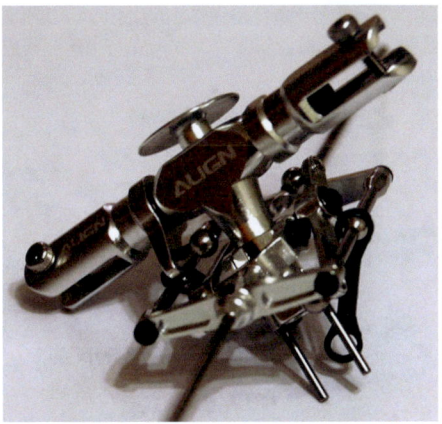

Abb. 2.2: Rotorkopf mit Steuerbrücke und Paddelstange

Die Taumelscheibe und der Pitchkompensator sind bereits vom Hersteller
zusammengebaut worden. Auch die Kugelbolzen sind im Vorfeld angebracht
worden.

Im nächsten Schritt muss die Hauptrotorwelle durch den Pitchkompensator geführt werden. Die runde Bohröffnung in der Welle muss nach oben zeigen. Lösen Sie die Schraube im Rotorkopfschacht, um die Welle einzuführen. Setzen Sie anschließend die Schraube wieder ein, um die Welle im Schacht zu fixieren (Abb. 2.3). Die Führungsstäbchen müssen anschließend leichtgängig in die Führungsschienen des Pitchkompensators einfahren können.

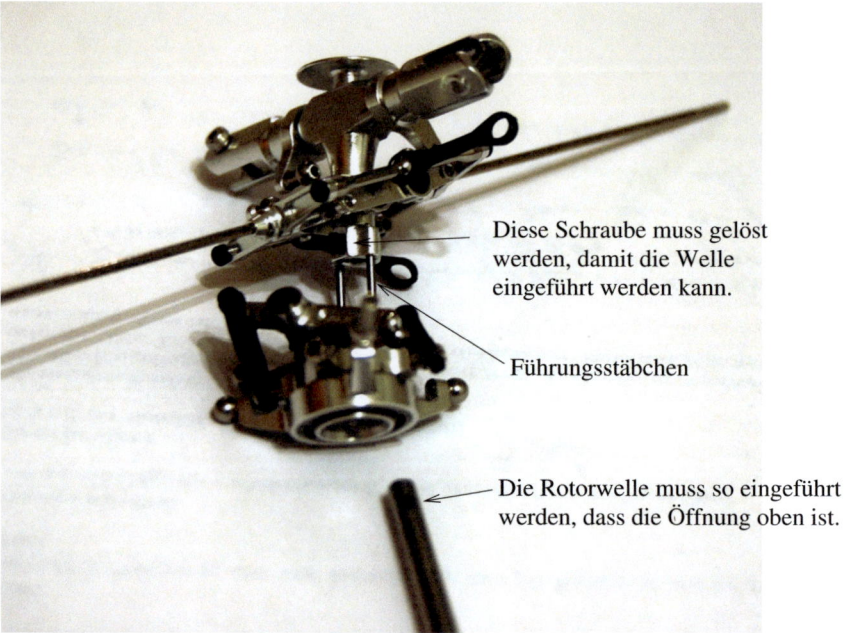

Diese Schraube muss gelöst werden, damit die Welle eingeführt werden kann.

Führungsstäbchen

Die Rotorwelle muss so eingeführt werden, dass die Öffnung oben ist.

Abb. 2.3: Die Rotorwelle wird durch den Pitchkompensator geführt und in den Rotorkopf gesteckt.

Die Anleitung des Herstellers sieht vor, nun die Blatthalter zu befestigen. Da diese Montage in der Super-Combo-Version bereits werksseitig vorgenommen wurde, können Sie diesen Schritt überspringen. Andererseits ist es aber wichtig zu wissen, wie der Rotorkopf inklusive der Blatthalter aufgebaut ist. Zwischen dem Rotorkopf und den Blatthaltern werden nämlich Dämpfungsringe auf der Blattlagerwelle eingesetzt. Diese Dämpfungsringe bestimmen das Reaktionsverhalten auf Steuerimpulse. Ein „härteres" Reaktionsverhalten können Sie an dieser Stelle durch den Austausch dieser Dämpfungsringe erreichen.

Dem Rotorkopf fehlen noch einige Gestänge. Zunächst sollten Sie nun die Doppelkugelköpfe mit einem Innenabstand von 12,5 mm suchen und auf die richtigen Kugelbolzen stecken. In der Anleitung des Herstellers sind diese als *Ball Link A* bezeichnet. Des Weiteren benötigen Sie zwei der 22 mm langen Gestänge, auf die Sie jeweils zwei Kugelbolzen so weit aufschrauben, dass zwischen ihnen ein Abstand von 14 mm bleibt. Stecken Sie nun die Kugelköpfe auf die noch freien Bolzen am Rotorkopf, wie es in Abb. 2.4 illustriert ist.

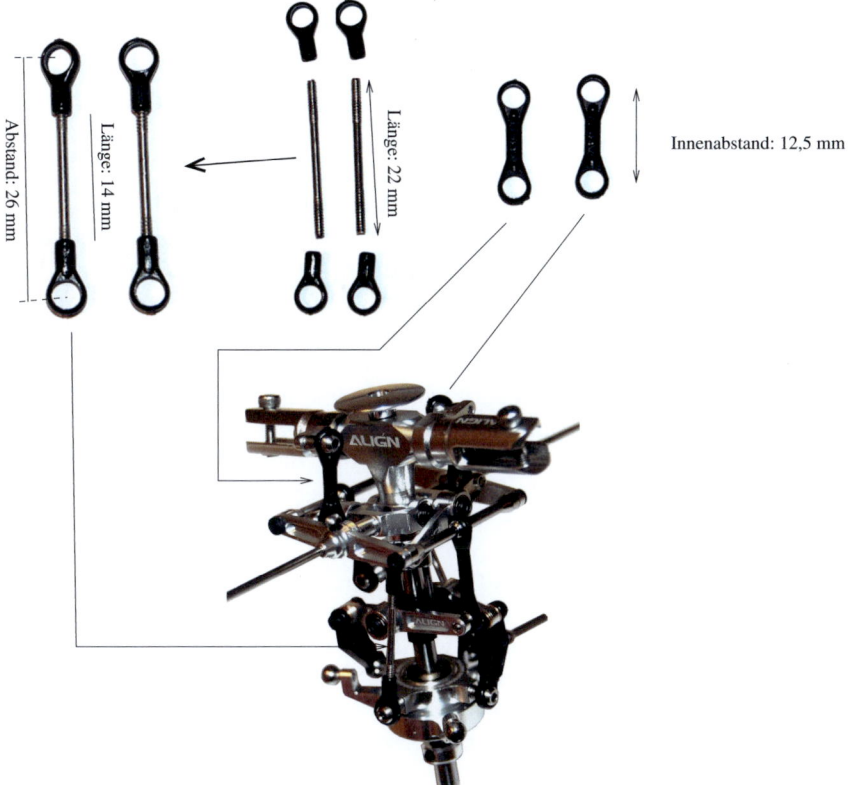

Abb. 2.4: Die restlichen Gestänge für den Rotorkopf müssen hergestellt und eingehängt werden.

Zum fertigen Rotorkopf gehören noch die Paddel. Lösen Sie die Maden-schrauben ein wenig, so dass Sie die Paddelstange mittig ausrichten kön-nen. Drehen Sie anschließend die beiden Paddel auf. Die Paddel befinden

sich im gleichen Tütchen wie die Heckrotorblätter. Die richtigen Abstände
sind in Abb. 2.5 dargestellt.

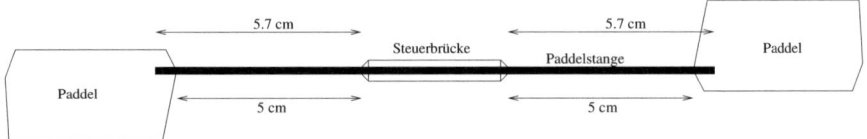

Abb. 2.5: Die Paddel müssen in einem Abstand von etwa 13,5 cm voneinander
aufgeschraubt werden.

2.3   Einbau der Taumelscheiben-Servos

Alle   Sprösslinge   der   T-Rex-Familie   besitzen   eine   120-Grad-
Taumelscheibenansteuerung mit zwei Roll- und einem Nickservo. Um
diese in das Chassis einzusetzen, müssen Sie vorher an die entsprechenden
Aussparungen im Chassis kleine Kunststoffplättchen so einsetzen, dass
dazwischen der jeweilige Servo hineinpasst. Zum Einschrauben der Servos
liegen Inbusschrauben bei, für die Sie jedoch einen 1,5 mm Inbusschraubendreher benötigen, der nicht im Lieferumfang enthalten ist. In Abb. 2.6
ist aufgezeigt, welche Komponenten Sie für jeweils einen Servo benötigen
(zwei Kunststoffplättchen und zwei Inbusschrauben) und wie die Servos
eingesetzt werden sollen. Achten Sie darauf, dass der obere Rollservo
rechts hinauszeigt, während der untere Rollservo nach links zeigt und
dementsprechend auch von der anderen Seite eingeschraubt werden muss.

Der Nickservo wird sogar so ins Chassis eingeschraubt, dass der Servoarm
später innerhalb des Chassis bewegt wird. Wenn alle Servos für die Taumelscheibenansteuerung eingesetzt wurden, sollte das Chassis wie in Abb.
2.7 aussehen. Die Servoarme können bereits jetzt aufgesetzt werden. Für
den Nickservo empfiehlt sich das allerdings noch nicht, da es das Einsetzen
des Zahnriemens für den Heckantrieb erschwert.

2.4   Zahnriemen

Das Chassis ist fast komplett vormontiert worden. Dabei sind sogar bereits
die Akku- und die Empfängerhalterung, der Motor, das Kugellager für die
Hauptrotorwelle sowie die Heckantriebsritzel eingesetzt worden. Auch der
Heckschuh inklusive der Umlenkritzel sowie die gesamte Heckrotorblatthal-
terung mit den Anlenkhebeln sind fertig. Damit hat der Hersteller Ihnen

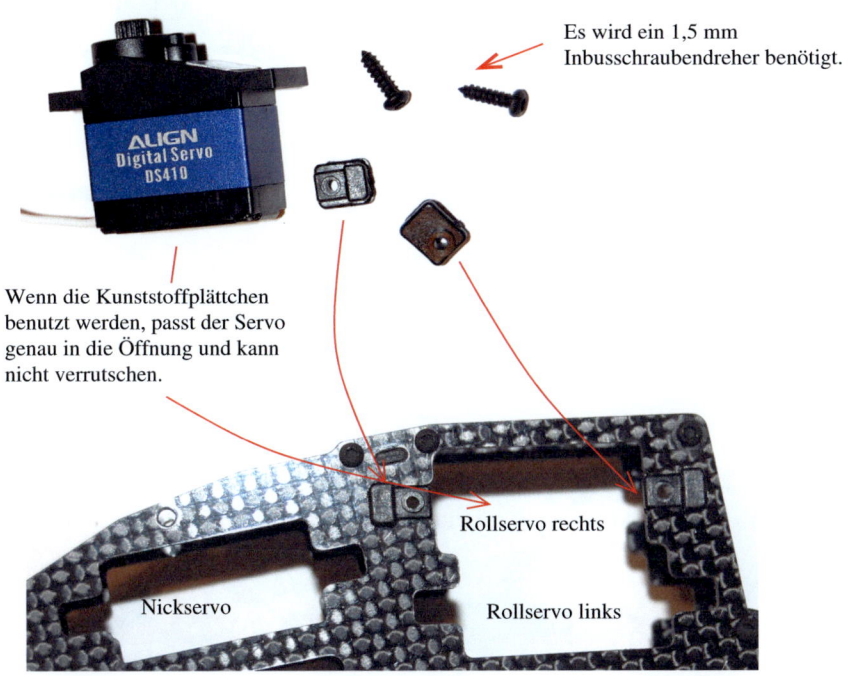

Es wird ein 1,5 mm
Inbusschraubendreher benötigt.

Wenn die Kunststoffplättchen
benutzt werden, passt der Servo
genau in die Öffnung und kann
nicht verrutschen.

Rollservo rechts

Nickservo

Rollservo links

Abb. 2.6: Einbau der Servos zur Ansteuerung der Taumelscheibe

viel mühsame Arbeit abgenommen. Als nächsten Schritt müssen Sie sich um den Zahnriemen kümmern.

2.4.1 Leichtgängigkeit und Qualität prüfen

Der Zahnriemen ist aus transporttechnischen Gründen zusammengebunden und bereits in den Heckteil eingesetzt worden. In einigen Foren berichten Piloten über Bausätze mit scharfkantigen Ritzeln, die bei längerem Betrieb den umlaufenden Zahnriemen beschädigen. Prüfen Sie daher die Ritzel auf derartige Qualitätsmängel und kümmern Sie sich um einen Austausch oder schleifen Sie die Kanten ab, bevor Sie mit der weiteren Montage fortfahren. Ebenso ist es sehr sinnvoll, jetzt die Leichtgängigkeit des Heckantriebs zu prüfen, indem Sie den Zahnriemen mit den Händen um das Ritzel im Heckschuh ziehen (Abb. 2.8). Führen Sie nun den Zahnriemen testweise um das Heckantriebsritzel im Innenteil des Chassis und prüfen Sie, ob sich das Ritzel leicht mit dem Zahnriemen drehen lässt.

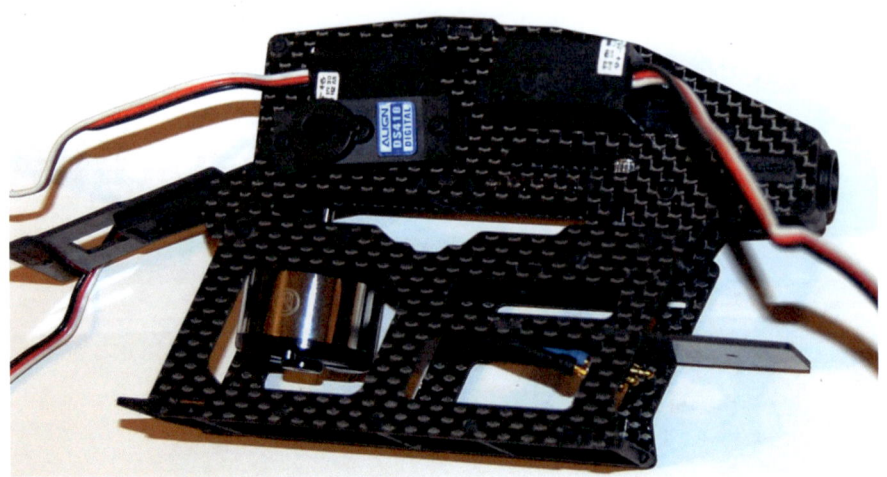

Abb. 2.7: Das Chassis mit eingebauten Taumelscheibenservos

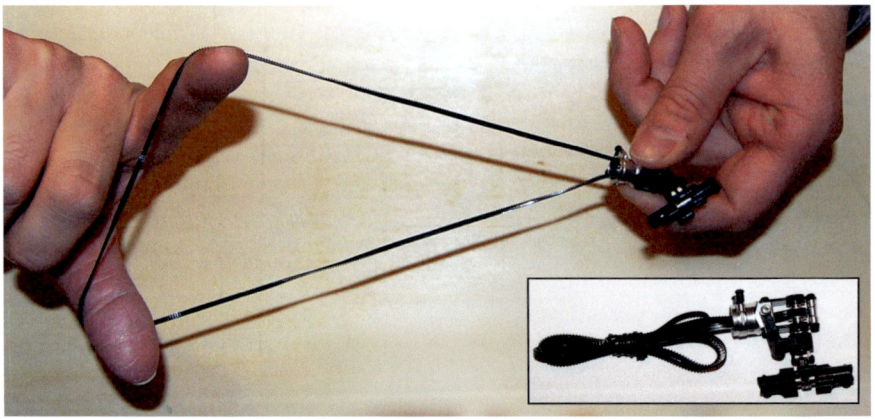

Abb. 2.8: Der Zahnriemen wurde zum Transport zusammengebunden. Prüfen Sie, ob sich der Zahnriemen leicht durch den Heckschuh ziehen lässt und das Heck leichtgängig angetrieben wird.

2.4.2   Einbau

Versuchen Sie nun, den Zahnriemen durch das Heckrohr zu ziehen. Da der Gummiriemen jedoch oft im Rohrinneren hängenbleibt, können Sie mit dem langen Antennenröhrchen nachhelfen (Abb. 2.9). Wenn der Zahnriemen auf der anderen Seite zum Vorschein kommt, sollten Sie sicherstellen, dass er sich nicht im Rohr verzwirbelt hat. Stecken Sie nun den Heckschuh auf; er wird spürbar auf dem Heckrohr einrasten, aber sich noch beliebig darauf drehen lassen.

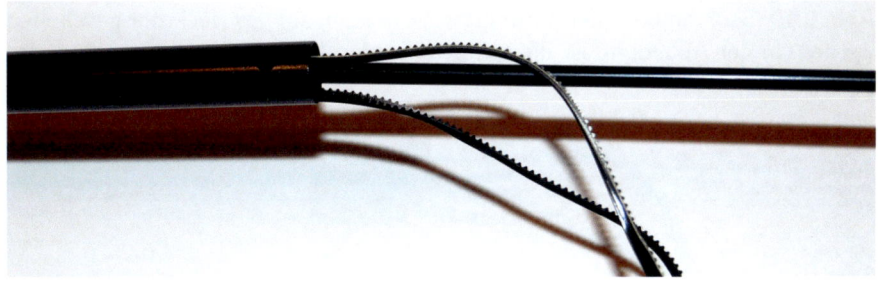

Abb. 2.9: Helfen Sie mit dem Antennenröhrchen nach, wenn der Zahnriemen nicht durchs Heckrohr gleitet.

Bei der gesamten T-Rex-Serie wird der Heckservo stets am Heckrohr befestigt. Ebenso muss sichergestellt werden, dass das Anlenkgestänge reibungsfrei entlang des Heckrohrs verläuft. Bevor Sie das Heckrohr ins Chassis einsetzen, müssen Sie daher die Servohalter und die Führungslasche auf das Heckrohr schieben (Abb. 2.10). Vergessen Sie diesen Schritt, so lässt er sich später nur nachholen, indem Sie das Heckrohr wieder vom Chassis entfernen! Die Servohalter lassen sich mit den beigelegten winzigen Inbusschrauben fixieren. Das gilt leider nicht für die Führunglasche. In der Anleitung des Herstellers wird dazu geraten, zur Fixierung ein Stück eines Kabelbinders zwischen Heckrohr und Führungslasche zu schieben. Es sind natürlich auch andere Fixierungsmöglichkeiten denkbar. Lassen Sie Ihrer Kreativität freien Lauf.

Der Zahnriemen muss im Heckrohr um 90 Grad gedreht werden, weil das antreibende Ritzel und das Heckritzel orthogonal zueinander drehen. Dabei kommt es entscheidend auf die Richtung der Verdrehung an, denn sie bestimmt die Rotationsrichtung des Heckrotors (Abb. 2.11). Werden an dieser Stelle Fehler gemacht, rächen sie sich bei den ersten Freilandversuchen und sind mitunter nicht so schnell zu erkennen (siehe Kapitel 4)!

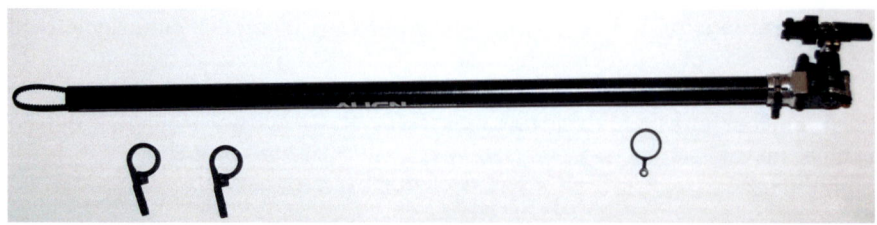

Abb. 2.10: Servohalter und Führungslasche müssen auf das Heckrohr geschoben werden. In der Abbildung ist die spätere Position der Bauelemente entlang des Heckrohrs erkennbar.

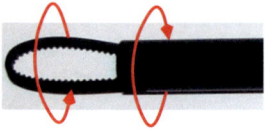

Abb. 2.11: Der Zahnriemen muss im Heckrohr um 90 Grad gedreht werden, weil das antreibende Ritzel und das Heckritzel orthogonal zueinander drehen. Die Pfeile zeigen an, dass entweder der Zahnriemen um 90 Grad im Uhrzeigersinn oder das Heckrohr entgegen des Uhrzeigersinns bei festgehaltenem Zahnriemen gedreht werden muss.

2.4.3   Einsetzen des Heckrohrs

Setzen Sie nun das Heckrohr ins Chassis. Beachten Sie, dass das Heckrohr eine längere Aussparung besitzt, die zur linken Chassisseite zeigen muss, wenn Sie das Rohr ins Chassis einsetzen (siehe Pfeilmarkierung in der Abb. 2.12).

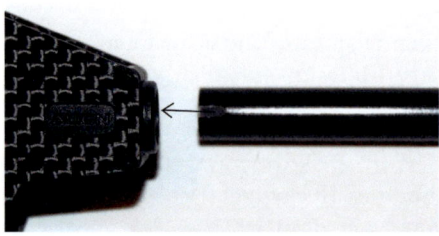

Abb. 2.12: Das Heckrohr muss korrekt ins Chassis eingesetzt werden. Zur besseren Übersicht ist der Zahnriemen nicht abgebildet.

Achten Sie beim Einsetzen des Heckrohrs darauf, dass sich der Zahnriemen nicht erneut im Rohr verdreht. Schrauben Sie den Heckschuh so auf das Heckrohr, dass sich der Heckrotor später auf der rechten Seite befindet (Abb. 2.13).

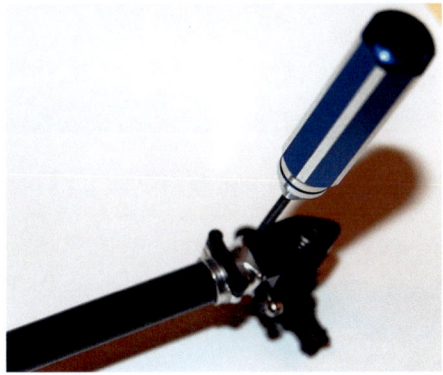

Abb. 2.13: Schrauben Sie den Heckschuh auf das Heckrohr und achten Sie darauf, dass sich die Heckrotorblatthalter auf der rechten Seite des Heckrohrs befinden.

Legen Sie nun den Zahnriemen um das Heckantriebsritzel im Inneren des Chassis. Die Anleitung des Herstellers zeigt, wie der Zahnriemen im Heckrohr verlaufen muss, damit die Anlenkung der beiden orthogonal zueinander angeordneten Heckantriebsritzel funktionieren kann. Lockern Sie die Schrauben des Heckschuhs, ziehen Sie ihn so weit nach hinten, dass der Riemen leicht gespannt ist, und schrauben Sie ihn wieder fest. Prüfen Sie, ob sich das Heck noch leichtgängig drehen lässt. Ist das nicht der Fall, hat sich der Zahnriemen im Heckrohr vermutlich während der Montage verzwirbelt.

2.5   Chassis festschrauben

Das Chassis ist zwar vormontiert worden, aber Sie werden feststellen, dass die Schrauben nicht fest angezogen wurden. Das hat den Sinn, dass Sie im jetzigen Stadium noch kleinere Fehler in der Ausrichtung korrigieren können. Schieben Sie die Hauptrotorwelle ein und prüfen Sie dabei, ob sie sich problemlos einsetzen und durch die beiden Kugellager schieben lässt. Stellen Sie das Chassis auf einen waagerechten Untergrund und prüfen Sie, ob es genau senkrecht ausgerichtet ist. Führen Sie gegebenenfalls leichte Korrekturen durch und ziehen Sie anschließend die Schrauben des Chassis an.

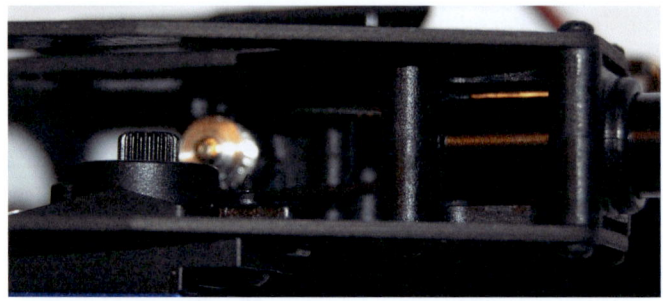

Abb. 2.14: Der Zahnriemen muss um das Ritzel im Chassis gelegt werden.

Abb. 2.15: Prüfen Sie, ob das Chassis genau senkrecht zu beiden Seiten ausgerichtet ist, wenn es auf dem Boden steht. Überprüfen Sie vor dem Festschrauben, ob sich die Hauptwelle leicht einschieben lässt.

2.6   Antriebseinheit

Der T-Rex 250 wird über einen kleinen Elektromotor angetrieben, der sich im Auslieferungszustand bereits im Chassis befindet und dort locker eingeschraubt wurde. Über ein auf der Motorwelle anzubringendes Ritzel wird das Hauptzahnrad angesteuert, welches auf die Hauptrotorwelle gesteckt wird. Dadurch wird der Hauptrotor direkt angesteuert. Darüber hinaus wird ein Heckritzel vom Hauptzahnrad angetrieben, welches den Zahnriemen bewegt und damit den Heckrotor in Betrieb setzt.

Die Teile der Antriebseinheit befinden sich in einem kleinen Beutel (Abb. 2.16). Wie Sie erkennen können, ist das Hauptzahnrad inklusive des Freilaufs bereits herstellerseitig vormontiert worden, so dass Ihnen eine Menge Arbeit erspart bleibt. Wenn Sie in die Anleitung des Herstellers schauen, werden Sie sehen, dass eine Abschlussschraube benötigt wird, um das Hauptzahnrad auf der Welle zu befestigen. Bevor Sie lange suchen, in welchem Tütchen sich diese Schraube befindet: die Schraube hat der Hersteller bereits in die Welle eingedreht!

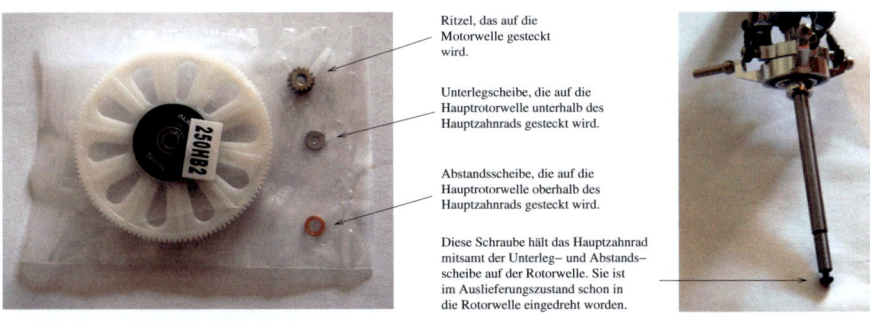

Abb. 2.16: Alle Bauteile für die Antriebseinheit befinden sich in einem Tütchen mit der Aufschrift 250HB2.

Beginnen Sie mit der Befestigung des Antriebsritzels (Abb. 2.17). Im Gegensatz zu anderen Modellen wird das Ritzel auf der Motorwelle nach dem Aufstecken verklebt. Align legt einen Klebstoff, der mit R48 beschriftet ist, zu diesem Zweck bei. Um besser an den bereits eingesetzten Motor zu kommen, bietet es sich an, einige Schrauben des Chassis zu lösen und es aufzuklappen. Der Klebstoff muss mindestens eine halbe Stunde trocknen.

Im nächsten Schritt muss das Hauptzahnrad eingesetzt werden. In Abb. 2.18 ist zu sehen, in welcher Reihenfolge Abstandsscheibe, Hauptzahnrad, Unterlegscheibe und Abschlussschraube auf die Rotorwelle gesteckt werden. Ist das Chassis für den zuvor durchgeführten Schritt noch aufgeklappt, so müssen Sie es wieder zusammenklappen und festschrauben.

Zu einem richtigen Zusammensetzen der mechanischen Komponenten würde es gehören, dass der passende Abstand zwischen Motorritzel und dem

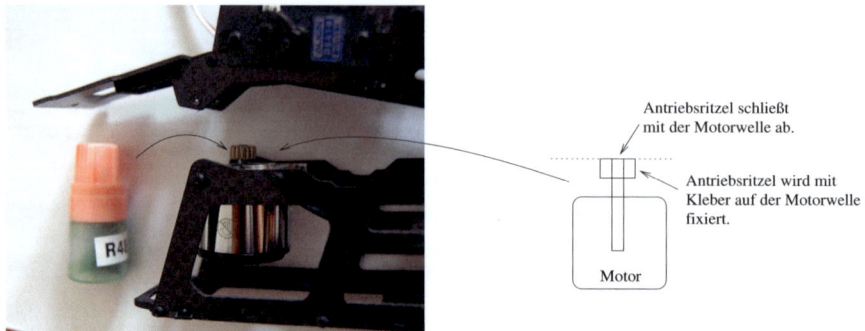

Antriebsritzel schließt
mit der Motorwelle ab.

Antriebsritzel wird mit
Kleber auf der Motorwelle
fixiert.

Motor

Abb. 2.17: Befestigung des Antriebsritzels

großen Antriebszahnrad hergestellt und durch Festschrauben des Motors auf der Motorplatte fixiert wird. Zwischen Motorritzel und Hauptzahnrad muss nämlich stets ein kleiner Abstand von etwa 0,1 mm sein, damit sich die Ritzel nicht übermäßig abnutzen, die Kraftübertragung jedoch stets gesichert ist. Diese Feinjustage lässt sich über die Motorposition erreichen. Der Autor rät jedoch dringend dazu, diesen Schritt noch nicht durchzuführen. In Kapitel 3.3.3 werden Sie sehen, dass zum Einstellen des Reglers gewisse Signale auf dem Motorkanal anliegen müssen. Um das Verletzungsrisiko möglichst klein zu halten, sollte die Kraftübertragung auf den Hauptrotor erst dann möglich sein, wenn solche wichtigen Konfigurationsschritte abgeschlossen sind. Befestigen Sie den Motor stattdessen so weit vom Hauptzahnrad entfernt, dass die Zahnräder nicht ineinandergreifen können!

Im Gegensatz zur Herstelleranleitung haben Sie das Landegestell bisher noch nicht angeschraubt. Das hat den Vorteil, dass Sie nun mit dem Werkzeug des Herstellers besser an die Rotorschraube herankommen, um das Hauptzahnrad zu befestigen. Anschließend ist der Ring auf der Rotorwelle so zu fixieren, dass sich das Hauptzahnrad auf gleicher Höhe mit dem Motor- und dem Heckritzel befindet (Abb. 2.19).

2.7   Anlenkung der Taumelscheibe

Die Nick- und Roll-Bewegungen werden durch entsprechende Verkippungen der Taumelscheibe realisiert. Damit die Servos jene Verkippungen auslösen können, werden Anlenkgestänge in verschiedener Länge benötigt (Abb. 2.20). In der Abbildung des Herstellers sind die Längen auch bezogen auf

Abb. 2.18: In dieser Anordnung gehören Abstandsscheibe, Hauptzahnrad, Unterlegscheibe und Abschlussschraube auf die Rotorwelle. Vor der Montage muss die Welle jedoch im Chassis eingesetzt werden. Dies ist zur besseren Illustration nicht auf dem Foto abgelichtet worden.

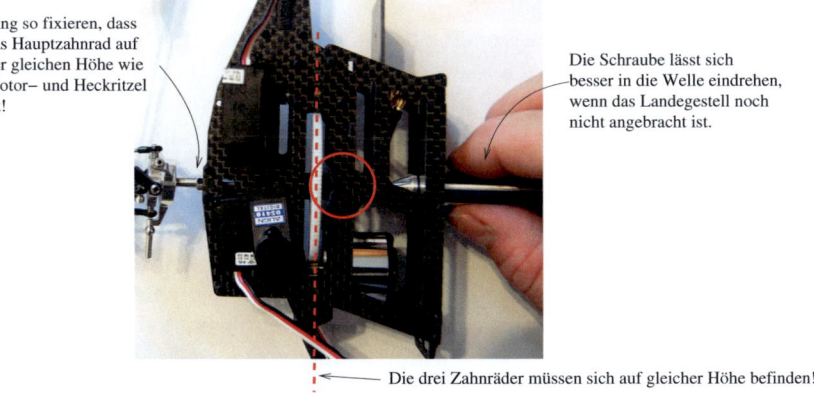

Abb. 2.19: Das eingesetzte Hauptzahnrad muss in der Höhe fixiert werden, damit es vom Motor angetrieben werden kann und wiederum selbst das Heckritzel antreibt.

die Position der Kugelköpfe auf dem Gewinde eingezeichnet. Aus Sicht des
Autors ist es aber vorteilhafter, die Längen ausgehend vom Mittelpunkt
der Kugelköpfe zu verwenden, da sich die Form der Kugelköpfe in der Ori-
ginalanleitung nicht exakt mit den beigelegten Kugelköpfen deckt.

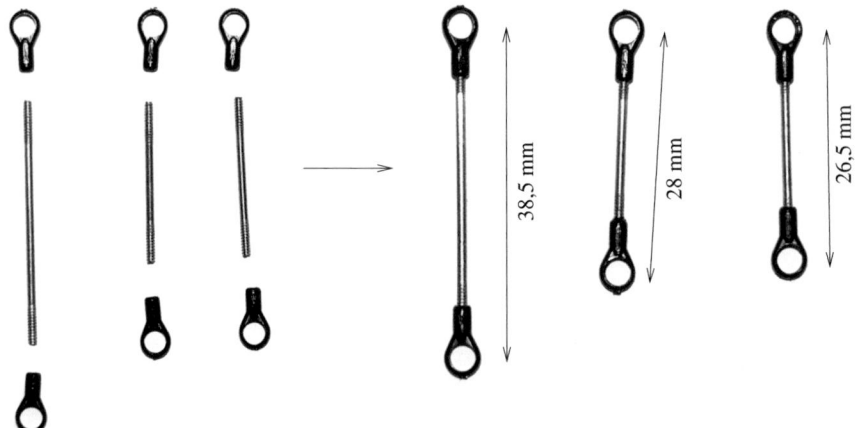

Abb. 2.20: Anlenkhebel für die Taumelscheibe

Zur Zeit kann sich die Taumelscheibe noch beliebig drehen. Für den Flugbetrieb muss sie natürlich fixiert werden. Dazu dient eine Taumelscheibenfüh-
rung, die oben auf dem Chassis angebracht wird und eine Verdrehung der
Taumelscheibe verhindert. Beim T-Rex 250 wird die Taumelscheibenführung zusammen mit zwei Haubenhaltern angebracht. Dazu wird an jeder
Seite jeweils eine Madenschraube in einen Haubenhalter geschraubt, die
Taumelscheibenführung ins Chassis eingesetzt und durch Eindrehen der
Haubenhalter fixiert (Abb. 2.21). Damit die Madenschrauben nicht so tief
in die Haubenhalter eingedreht werden können, dass nicht mehr genügend
Gewinde zur Fixierung der Taumelscheibenführung übrig bleibt, können Sie
wieder den Kleber R48 auf das Gewinde träufeln und die Madenschrauben
anschließend 2 mm eindrehen.

Gehen Sie jedoch so vor, dass Sie im ersten Schritt das Anlenkgestänge
hinten für die Nicksteuerung auf den Kugelbolzen der Taumelscheibe ein-
hängen und anschießend den Fixierungsstab an jenem Kugelbolzen durch
den Schlitz in der Taumelscheibenführung stecken. Erst jetzt schrauben Sie
die Haubenhalter und damit die Taumelscheibenführung am Chassis fest.
Anschließend stecken Sie die seitlichen Anlenkgestänge auf (Abb. 2.22).

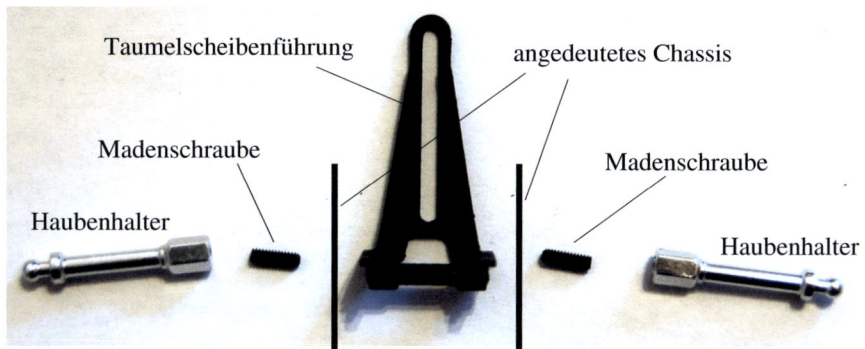

Abb. 2.21: Die Taumelscheibenführung wird zusammen mit dem Haubenhalter am Chassis befestigt.

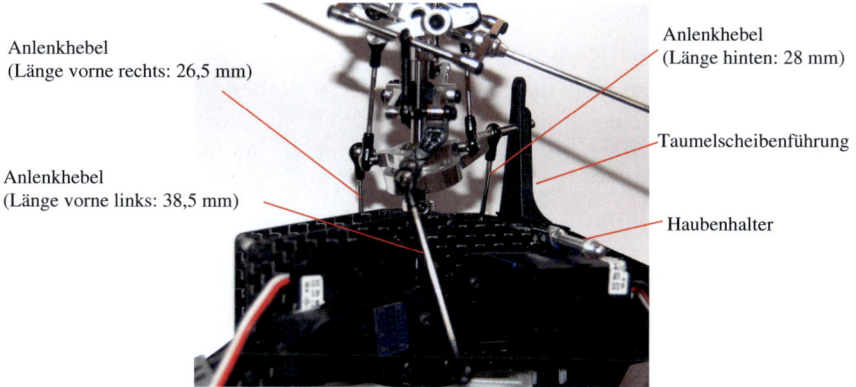

Abb. 2.22: Rotorkopf mit allen Anlenkhebeln und eingesetzter Taumelscheibenführung

2.8 Landegestell

Der Hubschrauber nimmt Gestalt an. Im nächsten Schritt soll er lernen, auf eigenen Beinen zu stehen. Die Bauteile des Landegestells befinden sich in einem separaten Beutel (Abb. 2.23).

Befestigen Sie zunächst die Kufenhalter am Chassis. Beachten Sie, dass es eine Ausrichtung gibt, die an den Laschen zur Anbringung einer Antennenführung erkennbar ist. Anschließend schieben Sie jeweils einen der

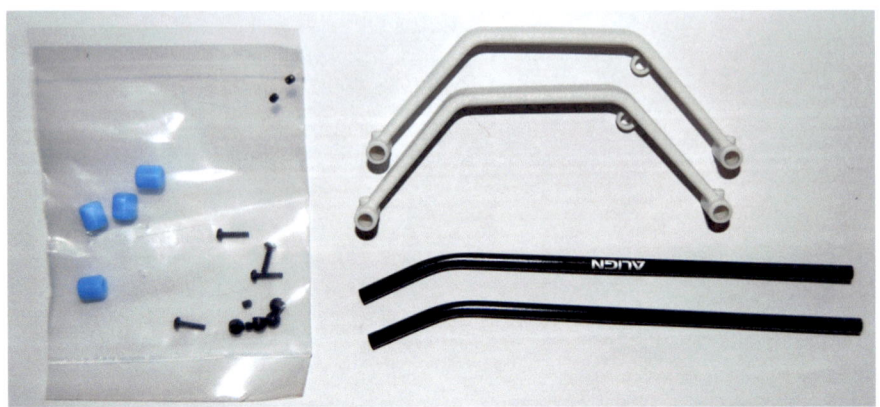

Abb. 2.23: Das Landegestell besteht aus einfach zu montierenden Bauteilen.

Gummiringe auf eine Kufe und führen die Kufen in die Kufenhalter ein. Damit sich die Kufen nicht in den Kufenhaltern drehen können, sollten Sie sie mit kleinen Madenschrauben fixieren. Es ist von Vorteil, wenn Sie die Abschlusskappen mit etwas Klebstoff versehen, bevor Sie sie auf die Kufenenden stecken. Da sie sehr klein sind, könnten sie bei einer unsanften Landung leicht abspringen (Abb. 2.24).

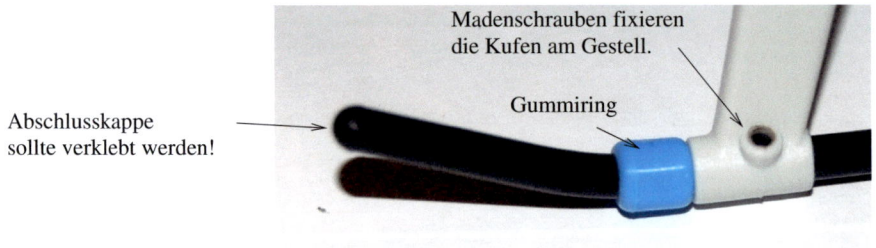

Abb. 2.24: Madenschrauben sorgen dafür, dass sich die Kufen nicht drehen können. Die Abschlusskappen sollten verklebt werden.

2.9   Rotoren

Befestigen Sie nun die Teile, die den Hubschrauber erst zu einem solchen machen: die Hauptrotorblätter. Dem Bausatz liegen verschiedene Typen bei, deshalb müssen Sie sich für einen Satz Rotorblätter entscheiden. Die

Schrauben für die Rotorblätter sind vom Hersteller bereits in den Blatt-haltern eingeschraubt worden. Achten Sie schon jetzt darauf, dass Sie die Blätter mit der richtigen Ausrichtung einsetzen (Abb. 2.25). Der Rotor wird später im Uhrzeigersinn rotieren. Es sind keine Muttern auf der Unterseite vorgesehen.

Abb. 2.25: Einsetzen der Hauptrotorblätter

Dasselbe gilt auch für die Heckrotorblätter. Hier ist zu beachten, dass Align vier Heckrotorblätter beigelegt hat. Diese unterscheiden sich in der Größe, so dass Sie darauf achten müssen, dass Sie jeweils ein Paar gleicher Größe verwenden!

2.10 Leitwerke und Verstrebungen

Damit der Hubschrauber möglichst leicht ist, haben die Konstrukteure ver-sucht, die Anzahl der Komponenten auf das absolute Minimum zu redu-zieren. Daher dient ein Befestigungsring um das Heckrohr dazu, sowohl das Höhenleitwerk als auch die Verstrebungsstangen zur Stabilisierung zu befestigen (Abb. 2.26).

Befestigen Sie die beiden Stabilisierungsstangen zunächst mit den beiden Schrauben am Chassis. Achten Sie dabei darauf, die Schrauben so vorsich-tig einzudrehen, dass die Seitenteile des Chassis nicht versehentlich vom Innenteil weggedrückt werden. Dies passiert, wenn Sie nicht die Gewinde-öffnungen der waagerechten Chassisinnenplatte erwischen.

Im nächsten Schritt bietet es sich an, alle Schrauben aus dem zweigeteilten Befestigungsring herauszudrehen. Anschließend können Sie das Höhenleit-werk aufsetzen, die Schrauben hindurchstecken und mit dem Befestigungs-

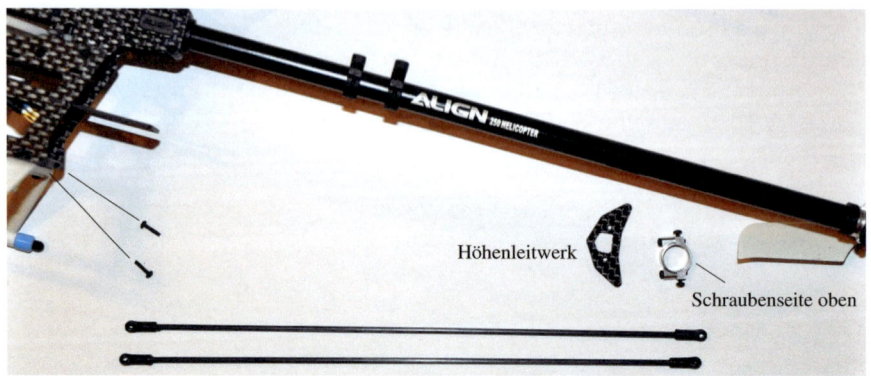

Abb. 2.26: Befestigung des Höhenleitwerks

ring das Heckrohr umschließen. Schieben Sie den Ring auf dem Heckrohr in die richtige Position, so dass die Verstrebungsstangen korrekt daran befestigt werden können.

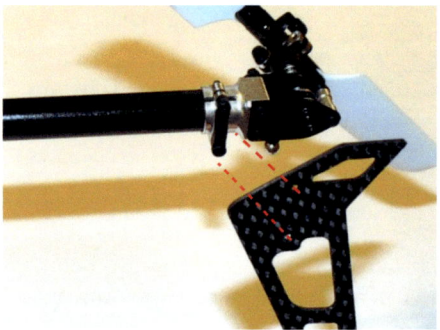

Abb. 2.27: Seitenleitwerk

Auch das Seitenleitwerk besitzt keine eigene Befestigungsvorrichtung am Heckrohr, sondern wird an der Befestigungsschnalle des Heckschuhs angebracht. Dazu müssen Sie die beiden Schrauben an der Befestigungsschnalle des Heckschuhs lösen, so dass dieser locker auf dem Heckrohr sitzt (Abb. 2.27). Achten Sie darauf, dass Sie den Heckschuh während der Arbeit nicht auf dem Heckrohr verdrehen, denn damit würden Sie den innenliegenden Zahnriemen verdrillen! Wenn Sie das Seitenleitwerk befestigt haben, sollten Sie den Heckschuh so weit nach hinten ziehen, bis der Zahnriemen wieder leicht gespannt ist. Erst dann sollten Sie die Schrauben wieder fest anziehen.

Der Hubschrauber hat nun einen festen Stand. Doch noch ist der mechanische Bastelanteil nicht abgeschlossen. Es fehlen noch wichtige Ansteuerungskomponenten, deren Anbringung im nächsten Abschnitt besprochen wird.

2.11   Heckanlenkung

Das hübsche Heck ist nicht nur Dekoration, sondern dient bei einem Nicht-Koaxialhubschrauber dem Ausgleich des Drehmoments vom Hauptrotor. Daher gibt es bei diesem Modell einen eigenen dedizierten Heckservo, der die Blattanstellung der Heckrotorblätter steuert. Die Anlenkstange muss auf beiden Seiten mit Kugelbolzen versehen werden.

Damit die Anlenkstange sauber entlang des Heckrohrs geführt werden kann, sollte sie durch die vorgesehene Öffnung des Führungsrings geführt werden. Dies ist natürlich nur möglich, wenn Sie nicht auf beiden Seiten bereits die Kugelbolzen aufgedreht haben (Abb. 2.28).

Abb. 2.28: Anlenkstange zunächst durch den Führungsring schieben, bevor auf beiden Seiten ein Kugelbolzen aufgedreht wird!

In der Anleitung des Herstellers wird ein Abstand von 216 mm zwischen den Kugelbolzenmitten angegeben (Abb. 2.29). Diese Angabe bezieht sich auf die Annahme, dass der Heckservo am Beginn des Heckrohrs direkt am Chassis positioniert werden soll.

Jedem Servo werden passende Ruder beigelegt. Da die Servos kompatibel zu möglichst vielen verschiedenen Anlenkmodellen sein sollen, müssen die Ruder in vielen Fällen angepasst werden. Der T-Rex 250 ist sehr leicht, so dass die Servos im idealen Fall nur wenig Kraft für die Anlenkung ausüben müssen. Daher reicht es aus, dass die Ansteuerung jeweils von einem einzelnen Ruderarm übernommen wird. Entfernen Sie daher mit einem Sei-

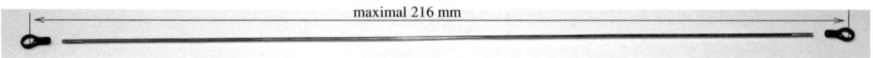

Abb. 2.29: Die Kugelbolzen müssen auf die Heckstange aufgedreht werden. Der Abstand von 216 mm zwischen den Kugelbolzenmitten sollte nicht überschritten werden!

tenschneider eines der beiden Ruderarme (Abb. 2.30). Das gilt auch für die anderen Servos, die ebenso jeweils nur ein einarmiges Ruder bedienen sollen.

Abb. 2.30: Servoruder kürzen

Der Heckservo befindet sich zusammen mit dem Gyro in einem kleinen Tütchen. Er muss auf dem Servohalter am Heckrohr befestigt werden (Abb. 2.31). Beachten Sie dabei, dass Sie den Servo an der Unterseite der Servohalter anschrauben. Andernfalls würde das aufgesteckte Ruder gegen das Heckrohr stoßen.

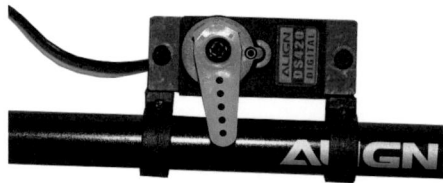

Abb. 2.31: Für die Heckansteuerung wird ein digitaler Servo eingesetzt. Der Ruderarm soll später in der Mittelposition orthogonal zum Anlenkhebel ausgelenkt sein.

Sie können das Ruder zwar bereits aufstecken. Da Sie die Mittelposition des Servos derzeit jedoch nicht kennen, können Sie den Aufsteckwinkel nur schätzen. Um den mechanischen Komponenten daher beim erstmaligen Einschalten in einem späteren Schritt keinen Schaden zuzufügen, sollten Sie die Anlenkstange nur einseitig befestigen.

Kapitel 3

Elektronik

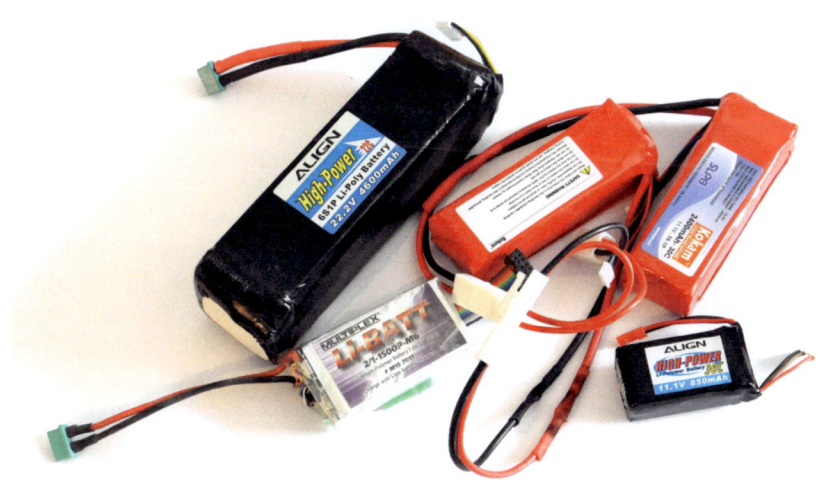

3.1   Senderprogrammierung

In den folgenden Abschnitten wird erklärt, wie Sie die elektronischen Komponenten einstellen können. Dazu ist eine Programmierung des Senders erforderlich. Obwohl sich immer wieder die gleichen Konzepte bei verschiedenen Sendern wiederfinden, orientieren sich die Hersteller leider nicht an einem einheitlichen Bedienkonzept. Die nächsten Abschnitte sind so aufgebaut, dass nur die nötigsten Einstellungen vorgestellt werden, die zur Konfiguration und zum Flugbetrieb erforderlich sind. Da moderne Computersender jedoch weitaus mehr Möglichkeiten bieten, sei für eine ins Detail gehende Beschreibung der Konzepte der Senderprogrammierung auf das Buch des Autors „Senderprogrammierung für Elektro-Modellhubschrauber" (ISBN 978-3839172155) verwiesen.

3.2   Verteilung der Komponenten

Der Hubschrauber sieht nun wie ein Hubschrauber aus. Er hat nur einen Schönheitsfehler: Er ist noch nicht flugfähig, weil ihm wichtige elektrische und elektronische Komponenten fehlen.

Er benötigt einen Akku, der alle elektrischen Bauteile mit Strom versorgt. In großen Modellen wird häufig ein separater leistungsfähiger und hochkapazitiver Akku für die Stromversorgung des Motors benutzt. Im kleinen T-Rex 250 nutzt man jedoch einen einzigen Akku, der sowohl die Leistungskomponte Motor als auch die Servos, den Gyro und den Empfänger mit Strom versorgt. Dieser Akku sollte 11,1 V bereitstellen und mindestens 850 mAh besitzen!

Des Weiteren wird ein Empfänger benötigt. Es gibt Empfänger für verschiedene Frequenzbereiche. Wer noch einen Empfänger für das 35-/40-Mhz-Band verwenden möchte, sollte wegen der langen Antenne die dem Baukasten beiliegende Antennenführung an den Landekufen befestigen. Viel häufiger wird mittlerweile jedoch im 2,4-Ghz-Band gesendet. Achten Sie darauf, dass Sie Empfänger und Sender kaufen, die kompatibel zueinander sind!

Zwischen Akku und Antriebsmotor muss ein Regler geschaltet werden, der die Drehzahl des Motors je nach Wert des Empfangssignals auf dem Motorkanal einstellt. Damit sich der Hubschrauber nicht ungewollt aufgrund des Drehmoments des Hauptrotors um die eigene Hochachse dreht, muss der

Heckrotor eine Gegenkraft aufbauen, die exakt entgegengesetzt zum Drehmoment des Hauptrotors wirkt. Im Flug ändert sich dieses Drehmoment je nach Drehzahl und Blattanstellung der Rotorblätter, so dass eine ständige Neuanpassung erforderlich ist. Um den Piloten von dieser Aufgabe zu entlasten, wird ein *Gyro* für den Drehmomentausgleich vor den Heckservo geschaltet. Dieses Bauteil sollte auf einem Schaumstoffplättchen im Chassis befestigt werden, damit der Einfluss von Vibrationen geringer ist.

Von den hier aufgeführten elektrischen Komponenten befinden sich der Regler und der Heckgyro im Lieferumfang der beschriebenen Super-Combo-Box. Empfänger, Sender und Akkus müssen separat erworben werden.

Die mögliche Verteilung der Komponenten, wie sie auch der Hersteller vorschlägt, ist in Abb. 3.1 dargestellt.

Abb. 3.1: Verteilung der elektrischen und elektronischen Komponenten

Achten Sie bei der Verteilung darauf, dass Gyro und Regler möglichst einen gewissen Abstand zueinander haben, damit der Gyro nicht durch Störsignale verwirrt wird. Der Ausgleich des Drehmoments wird durch einen komplizierten Regelkreis realisiert, der so sensitiv ist, dass er sich nicht aufschwingt, aber andererseits ausreichend steuernd eingreift. Daher müssen alle Komponenten verwacklungsfrei montiert werden. Ebenso kommt es gerade bei einem kleinen Modell wie dem T-Rex 250 in besonderem Maße darauf an, dass die Komponenten so verteilt werden, dass kein Ungleichgewicht auf einer Seite auftritt.

3.3   Empfänger und Regler

3.3.1   Empfänger

Da Sie den Hubschrauber sicher nicht an die lange Leine nehmen wollen, muss eine drahtlose Ansteuerung her. Das sieht nicht nur besser aus, sondern ist auch, im Gegensatz zu der Steuerung von beispielsweise Modellautos, die einzige Möglichkeit, ein Flugmodell wie den Hubschrauber überhaupt zu kontrollieren. Denn schon kleinste Ziehbewegungen durch ein Kabel würden zu einer kleinen Verkippung des Modells und als Folge zum Absturz führen.

Lange Zeit wurden Flugmodelle auf der Funkfrequenz 35 Mhz und 40 Mhz geflogen, reine Consumermodelle auch auf 27 Mhz. Gefürchtet waren auf diesen Frequenzbändern Kanaldoppelbelegungen, die in der Regel zum Absturz mindestens eines Modells führten. Mittlerweile scheint sich jedoch die Übertragung auf 2,4 Ghz durchzusetzen. Die Anbieter versprechen, dass die von ihnen verwendeten Protokolle derartige Konflikte verhindern.

Die 2,4-Ghz-Sender und -Empfänger kommen außerdem mit viel kürzeren Antennen aus, so dass der unauffällige Einbau vereinfacht wird. Viele Empfänger besitzen zwei Antennen, die Sie möglichst rechtwinklig zueinander auslegen sollten.

Außerdem benötigt der Empfänger Strom. Die Stromversorgung geschieht meistens nicht direkt über den Antriebsakku, da mehrzellige Akkus eine viel zu hohe Spannung besitzen. Stattdessen wird ein *BEC* eingesetzt. BEC steht für *battery eliminator circuit* und bezeichnet ein Bauteil, das einen anderen Schaltkreis mit Strom versorgt, damit dieser keine eigene Battery benötigt. Im Modellbaubereich regelt ein BEC die Spannung eines Akkus üblicherweise auf etwa 5 Volt herunter, um den Empfänger nicht zu überlasten. Dieser BEC kann *extern* als eigenes Bauteil realisiert oder bereits herstellerseitig *intern* im Regler untergebracht sein. Entweder muss die Stromzuführung über den BAT-Eingang im Falle eines externen BECs erfolgen oder über den Regleranschluss, falls der Regler ein internes BEC enthält (Abb. 3.2).

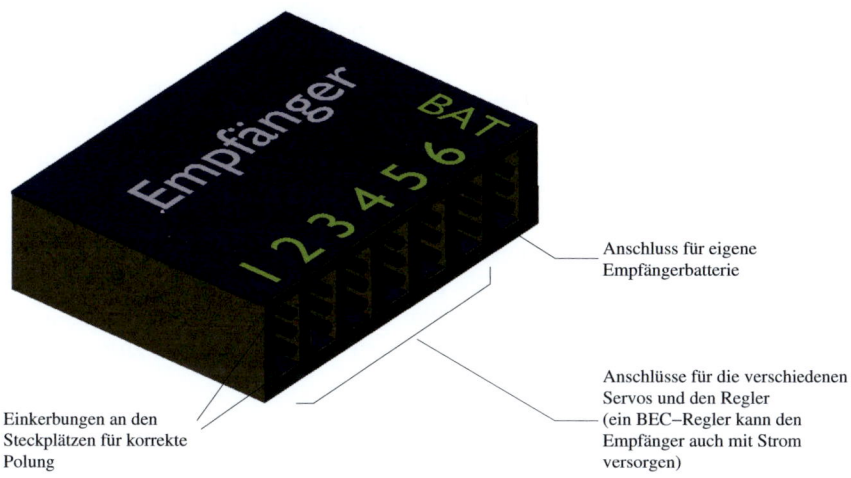

Anschluss für eigene
Empfängerbatterie

Anschlüsse für die verschiedenen
Servos und den Regler
(ein BEC–Regler kann den
Empfänger auch mit Strom
versorgen)

Einkerbungen an den
Steckplätzen für korrekte
Polung

Abb. 3.2: Empfängeranschlüsse

Auf dem Regler wird die Bezeichnung „BEC" mit der Angabe der Aus-
gangsspannung aufgedruckt sein, falls er ein internes BEC enthält. Beim
T-Rex 250 sollte aus Gewichtsgründen ein BEC-Regler eingesetzt werden,
so dass auf einen gesonderten Empfängerakku verzichtet werden kann. Dem
T-Rex 250 Kit liegt der Align RCE-BL15X als BEC-Regler bei (Abb. 3.3).

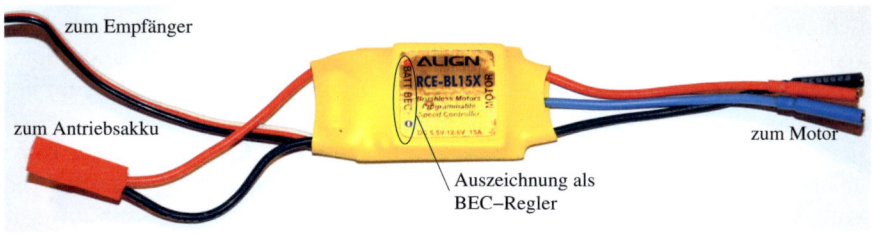

zum Empfänger

zum Antriebsakku

zum Motor

Auszeichnung als
BEC–Regler

Abb. 3.3: BEC-Regler Align RCE-BL15X

Die folgenden Schritte unterscheiden sich von Empfänger zu Empfänger.
In der Anleitung zu Ihrem Empfänger werden Sie die Information finden,
wie Sie Sender und Empfänger koppeln können. Häufig sieht das Verfahren
so aus, dass Sie den Sender einschalten müssen und beim Herstellen der
Stromversorgung des Empfängers eine kleine Taste empfängerseitig drücken
müssen, damit die Kopplung stattfindet.

3.3.2   Eigenschaften des Reglers Align RCE-BL15X

Der in der Super-Combo-Box enthaltene Regler *Align RCE-BL15X* ist ein
Regler für die Ansteuerung von bürstenlosen Motoren von 2 bis 10 Polen. Er
beherrscht den *Governor*-Modus. Das bedeutet, dass der Regler dafür sorgt,
dass die Rotordrehzahl konstant bleibt. Das erspart die Programmierung
einer Gaskurve im Sender. In diesem Fall besteht die Gaskurve aus einem
konstanten Wert. Außerdem besitzt der Regler einen Sanftanlauf, so dass
der Rotor sanft auf seine eingestellte Zieldrehzahl gebracht wird. Der Regler
kann mit 2- und 3-zelligen Lipo-Zellen betrieben werden. Im Folgenden
wird davon ausgegangen, dass ein 3-zelliger 11,1 V Lipo-Akku zum Einsatz
kommt.

Servos können eine unterschiedliche Betriebsspannung erfordern. Der Regler Align RCE-BL15X kann verschiedene Betriebsspannungen stufenlos er-
möglichen. Da zum Lieferumfang Servos des Typs Align DS410 beiliegen,
die einen großen Spannungsbereich von 4,8 bis 6 Volt verkraften, müssen
Sie die Spannung am Regler nicht mehr einstellen. Dieser besitzt default-
mäßig nämlich 5,5 Volt. Setzen Sie allerdings andere Servos ein, so dürfen
Sie diese erst dann anschließen, wenn Sie den Regler auf die richtige Aus-
gangsspannung eingestellt haben!

3.3.3   Einstellung des Reglers

Der Regler wird über Tonsignale eingestellt. Die Tonsignale werden jedoch
nicht vom Regler selbst ausgegeben, sondern vom Motor. Es ist daher notwendig, dass Sie den Regler zur Konfiguration mit dem Motor verbinden.
Aus Sicherheitsgründen ist es dem Autor nicht nachvollziehbar, warum ein
Hersteller die Konfiguration nicht ohne Beteiligung des Motors möglich
macht. Da dies aber nun einmal der Fall ist, sollten Sie zum Schutz Ihrer
Gesundheit sicherstellen, dass eine Kraftübertragung des Motors auf die
Antriebszahnräder unmöglich ist. Ein schnelldrehender Rotor kann mit sei-
nen scharfen Rotorblättern erhebliche Verletzungen verursachen! Aus diesem Grund wurde in Kapitel 2.6 dazu geraten, den Motor möglichst weit
vom Hauptzahnrad entfernt auf der Motorplatte zu verschrauben. Prüfen
Sie sicherheitshalber, dass Motorritzel und Hauptzahnrad nicht ineinandergreifen!

Verbinden Sie nun den Motorkanal des Empfängers mit dem Regler. Welcher Kanal das sein wird, müssen Sie der Anleitung des Senders entneh-
men. Je nach Hersteller und anzusteuerndem Modell sind die Kanäle un-

terschiedlich. Verbinden Sie die drei Adern des Reglers mit dem Motor. Achten Sie darauf, dass bei der Verbindung von Motor und Regler jeweils die Anschlüsse gleicher Farbe zueinander gehören. Um Kurzschlüsse zu verhindern, könnten Sie einen Schrumpfschlauch oder eine andere Isolierung der einzelnen Adern verwenden.

Die Einstellung des Reglers geschieht durch das Setzen von Signalen auf dem Motorkanal. Dazu ist es notwendig, dass Sie den Sender entsprechend einrichten. Natürlich könnten Sie wahrscheinlich bereits mit den Default-Einstellungen des Senders die Reglerkonfiguration vornehmen. Aber da Sie ihn sowieso für die Steuerung konfigurieren müssen, können Sie ebenso jetzt alle Grundparameter einstellen.

Schalten Sie also zunächst den Sender ein. Sie müssen am Sender ein Heli-programm auswählen. Eine wichtige Einstellung ist die Konfiguration der Taumelscheibe. Der T-Rex besitzt eine 120-Grad-Dreipunkt-Anlenkung. Stellen Sie eine Nullkurve als Heckbeimischung ein. Damit Sie den Regler konfigurieren können, benötigen Sie zunächst eine von Minimum auf Maximum ansteigende Gaskurve, denn die Programmierung geschieht über den Gasknüppel.

Schalten Sie anschließend den Empfänger ein. Diese Einschaltreihenfolge gilt übrigens immer, auch für den späteren Normalbetrieb. (In umgekehrter Reihenfolge sind Empfänger und Sender wieder abzuschalten.) Wie bereits in Abschnitt 3.3 erwähnt, müssen Empfänger und Sender gekoppelt werden, damit die Signale des Senders auch vom Empfänger ausgewertet werden.

In der Grundeinstellung wird der Sender üblicherweise eine von 0 bis 100 % linear ansteigende Gaskurve voreingestellt haben. Das ist für die Einstellung des Reglers ausreichend. An späterer Stelle wird darauf eingegangen, dass eine andere Gaskurve sinnvoller ist. Wenn Sie den Akku verbinden und der Regler mit Strom versorgt wird, wertet er das Signal auf dem Motorkanal aus. Liegt ein Minimalsignal an, so schaltet der Regler in den Normalmodus. Steht der Knüppel des Motors jedoch auf Maximal, so geht der Regler in den Einstellungsmodus über. Dies erkennen Sie durch zwei schnell an- und wieder absteigende Tonsequenzen. Ist dies nicht der Fall, so prüfen Sie, ob Sie Maximal- und Minimalsignal möglicherweise vertauscht haben. Moderne Computersender besitzen so viele Einstellmöglichkeiten, dass es leicht zu Verwechslungen kommen kann.

Haben Sie den Einstellungsmodus erfolgreich aufgerufen, schieben Sie nun den Knüppel wieder in die Minimalposition. Nach einiger Zeit werden Sie

Tonsignale mit gewissen Frequenzen hören, anhand derer Sie erkennen, welche Einstellung der Regler jetzt konfigurieren möchte. Je nach Tonfolge müssen Sie nun den Knüppel in die Position schieben, die der gewünschten Einstellung entspricht. Nach der Einstellung eines Parameters hören Sie eine Bestätigungstonsequenz. In Abb. 3.4 sind Vorschläge aufgeführt, wie eine sinnvolle Einstellung aussehen könnte. Am Ende der Einstellungen können Sie den Regler wieder vom Akku trennen.

Tonsignal	Bedeutung	Knüppel	Wirkung
♩ ····· ♩ ····· ♩	Motorbremse	Min	keine Bremswirkung
♫ ····· ♫ ····· ♫	Elektronisches Timing	Mitte	6-Pol Innen-/Außenläufer
♬ ····· ♬ ····· ♬	Schutzabschaltung	Min	Leistungsreduzierung bei 3.2V/Zelle
♬♬ ····· ♬♬ ····· ♬♬	Flugmodell	Max	Governormode mit Sanftanlauf
♬♬♬ ····· ♬♬♬ ····· ♬♬♬	Antwortverhalten	Mitte	mittlere Einstellung
♬♬♬♬ ····· ♬♬♬♬ ····· ♬♬♬♬	BEC Ausgangsspannung	Mitte	5,5 Volt

Abb. 3.4: Regler-Einstellung

Prüfen Sie die Übernahme der Einstellungen, indem Sie den Regler mit minimaler Knüppelposition wieder einschalten. Bei einem schnellen Schieben des Knüppels auf die Maximalposition sollte der Motor sanft anlaufen. Daran erkennen Sie, dass der Regler Ihren Einstellwunsch nicht ignoriert und den Sanftanlauf aktiviert hat. Natürlich können Sie zur Sicherheit die Tonfolgen nach dem Einschalten auswerten und damit alle Einstellungen überprüfen.

3.4   Taumelscheibenservos

Da Sie bis jetzt den Mittelpunkt der Servos noch nicht kennen, wurde in Kapitel 2 (Zusammenbau der Mechanik) noch nicht erwähnt, dass Sie die Servoarme aufsetzen und eine Verbindung zwischen Servo und anzusteuerndem Bauteil herstellen sollen.

Verbinden Sie daher nun alle Servos mit dem Empfänger. In der Anleitung des Senders werden Sie die Angaben finden, welche Kanäle auf welche Servos zu schalten sind. Leider kann keine allgemeingültige Aussage über die Kanalbelegung gemacht werden, weil jeder Hersteller eine andere Belegung vorsieht.

Stellen Sie alle Knüppel auf die Neutralposition. Die Servos fahren nach dem Einschalten aller Komponenten nun in ihre Mittelposition. Schalten Sie den Strom am Empfänger aus, so behalten die Servos ihre Position. Setzen Sie nun die Servoarme inklusive der Kugelköpfe auf die Welle der Servos auf und verbinden Sie sie mit den Kugelbolzen der Anlenkgestänge. Beim kleinen T-Rex 250 reicht eine einseitige Anlenkung, so dass Sie die Servoarme entsprechend auf einer Seite kürzen können (Abb. 3.5)

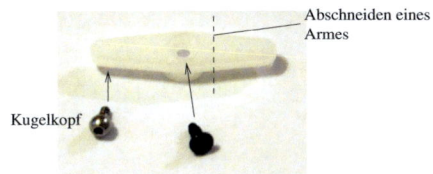

Abb. 3.5: Servoarm bei einseitiger Verwendung kürzen

Schalten Sie nun Sender und Empfänger in dieser bekannten Reihenfolge ein. Im Idealfall sollten die Mittelpositionen wieder angefahren werden, falls sie durch das Aufsetzen der Servoarme leicht verstellt wurden.

Wir wollen den Hubschrauber im Governor-Modus steuern. Das bedeutet, dass wir einen festen Gaswert über den gesamten Knüppelweg vorgeben. Der Knüppel soll lediglich auf die Anstellung der Rotorblätter wirken! Legen Sie eine Pitchkurve von 0 bis 100 % über den Knüppelweg fest. Für die nächsten Einstellungen macht es Sinn, eine Nullkurve als Gaskurve zu verwenden, damit der Motor nicht unnötig läuft (er ist immer noch weit entfernt vom Hauptzahnrad fixiert!). Verbinden Sie die Gestänge zwischen Taumelscheibe und den entsprechenden Servos.

Bewegen Sie vorsichtig den Motorknüppel. Im Idealfall fährt die Taumelscheibe gleichmäßig nach oben, wenn Sie den Pitchknüppel Richtung Maximalposition schieben. Dieser Idealfall dürfte jedoch die Ausnahme darstellen, da es unwahrscheinlich ist, dass alle Servos in der Grundeinstellung in die richtige Richtung auslenken. Sie müssen nun die Wirkrichtung der falsch auslenkenden Servos am Sender umkehren. Achten Sie bei den Bewegungen darauf, dass der Servoarm des linken Rollservos nicht ans Hauptzahnrad stößt (Abb. 3.6). Am Sender können Sie die Servowege begrenzen, damit keine Berührung stattfinden kann! Prüfen Sie anschließend wieder die Neutralpositionen. Idealerweise kann die Taumelscheibe über den gesamten Verfahrweg über die Knüppelposition bewegt werden.

Servoarm und Hauptzahnrad berühren sich!

Abb. 3.6: Treffen Servoarm und Hauptzahnrad aufeinander, gibt es im Betrieb Kleinholz!

3.5   Heck und Gyro

Der Gyro muss auf einem Dämpfungsschaumplättchen am Chassis befestigt werden. Eine solche Schaumstoffunterlage ist als beidseitig klebende Auflage im Lieferumfang enthalten. Wenn Sie den Gyro im Chassis einsetzen, sollte er zwecks Vermeidung von Störungen möglichst weit weg vom Regler positioniert werden und für eine gute Kühlung möglichst frei angebracht werden (Abb. 3.7).

Es sei darauf hingewiesen, dass es verschiedene Servotypen gibt. In der Grundeinstellung geht der Gyro davon aus, dass ein Heckservo mit einer Framerate (Signalwiederholrate) von $1520\mu s$ angeschlossen ist. Im Lieferumfang des Autors lag der Servo *Align DS 420* mit einer Framerate von $1520\mu s$ bei, so dass dieser Parameter beim Gyro nicht umkonfiguriert werden muss. Es ist nicht ausgeschlossen, dass in anderen Zusammenstellungen des T-Rex 250 Servos mitgeliefert werden, die eine andere Framerate besitzen. Passt die Framerate nicht zur Ansteuerung des Gyros, kann der Servo beschädigt werden! Deswegen ist es besonders wichtig, dass Sie diese Einstellung gegebenenfalls vornehmen, **bevor** Sie Gyro und Heckservo miteinander verbinden. Mittlerweile werden fast nur noch digitale Servos für die Ansteuerung des Hecks verwendet. Sollten Sie einen analogen Servo verwenden, müssen Sie dies auch beim Servo einstellen!

In den Einstellungsdialog des Gyros gelangen Sie, indem Sie zwei Sekunden die SET-Taste am Gyro gedrückt halten. Mit jedem weiteren Druck auf die SET-Taste gelangen Sie zu einem neuen Parameter, den Sie einstellen können. Das Leuchten einer LED über einen der Parameter zeigt an, dass Sie

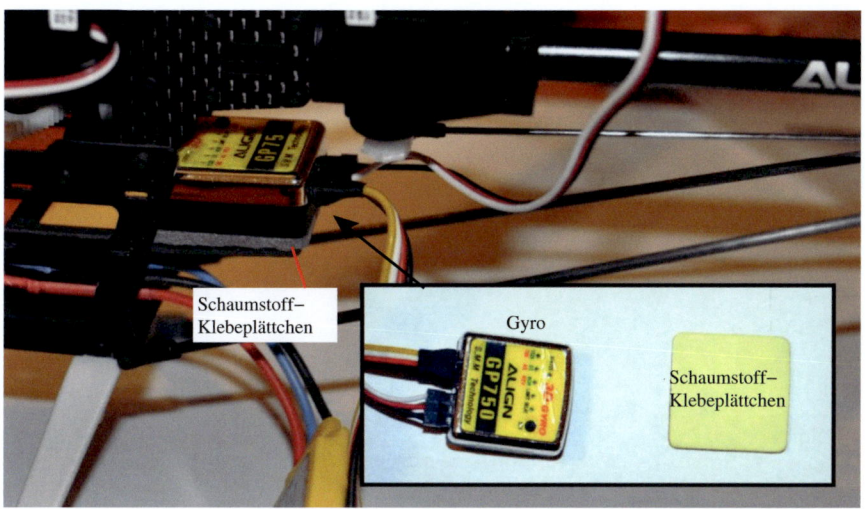

Abb. 3.7: Befestigung des Gyros auf einer Schaumstoffunterlage im Chassis

diesen Parameter jetzt einstellen. Die Status-LED kann die Farben grün oder rot annehmen und zeigt damit an, welche Einstellung gewählt wurde (Abb. 3.8). Mit dem Steuerknüppel für das Heck wird die Einstellung vorgenommen.

Bei der Verzögerungseinstellung für den Regelkreis können Sie sogar den Wert genauer festlegen. Sie müssen dazu den Heckknüppel entsprechend auslenken und den SET-Knopf drücken, damit der Wert übernommen wird.

Bis auf die Wirkrichtung und die Servowegbegrenzung konnten Sie alle Einstellungen ohne Beteiligung des Heckservos vornehmen. Zum Einstellen der beiden letztgenannten Parameter müssen Sie den Servo mit dem Gyro verbinden. Wenn Sie nun den Hubschrauber im eingeschalteten Zustand leicht bewegen, hören Sie sofort, wie der Gyro die Rotationsbewegungen um die Hochachse ausgleichen möchte. Nun müssen Sie die korrekte Wirkrichtung festlegen. Wenn Sie den Hubschrauber um die Hochachse drehen, wird der Gyro über eine Verschiebung der Heckanlenkung auf der Heckwelle gegensteuern wollen. In Abb. 3.9 ist markiert, in welche Richtung die Verschiebung erfolgen muss. Ist das bei Ihnen anders, müssen Sie die Wirkrichtung am Gyro ändern (NOR auf REV umstellen).

Der Heckrotor dient nicht nur dem Ausgleich unbeabsichtigter Drehbewegungen, sondern soll natürlich auch aktiv eine Drehbewegung bewirken

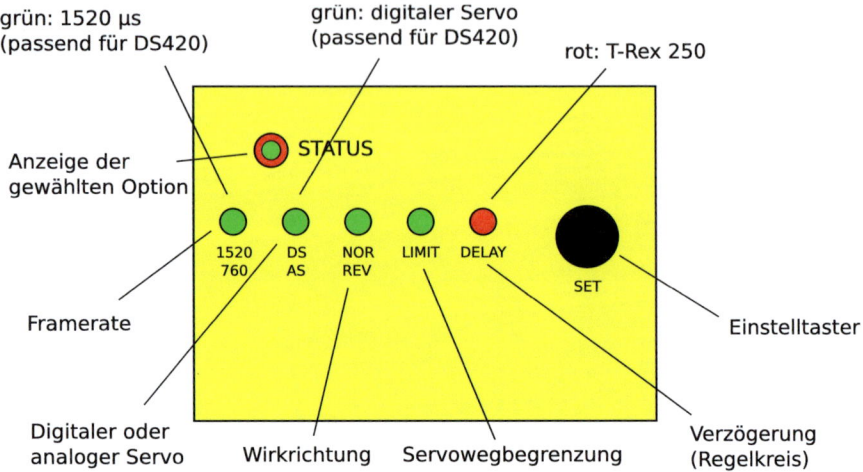

Abb. 3.8: Bedeutung der LEDs am Gyro und Angabe der für den T-Rex 250 passenden Konfiguration

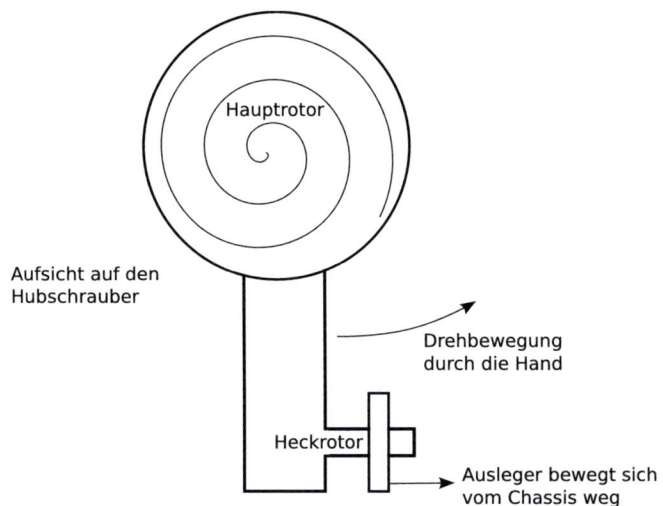

Abb. 3.9: Korrekte Wirkrichtung des Gyros bei Drehung des Modells um die Hochachse

können, wenn Sie den Heckknüppel bewegen. Wenn der Hubschrauber eine Rechtsbewegung vollziehen soll, muss die Verschiebung der Heckanlenkung korrekt stattfinden. Abb. 3.10 zeigt die Richtung für diesen Fall an. Sollte die Verschiebung in die falsche Richtung geschehen, so müssen Sie die Servoumkehr für das Heck am Sender aktivieren.

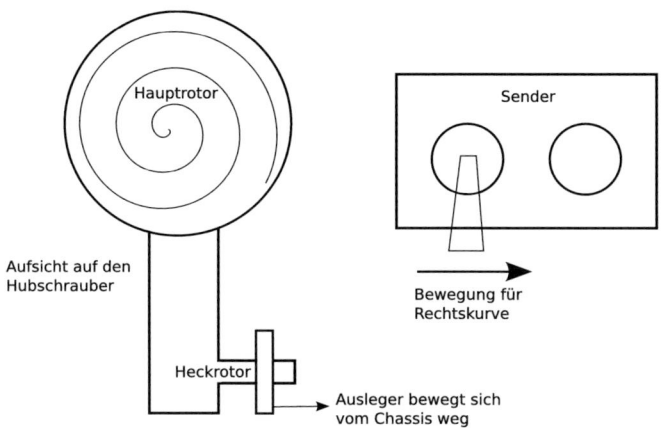

Abb. 3.10: Korrekte Wirkrichtung des Hecks bei Einleitung einer Rechtskurve

Der Verschiebeweg auf der Heckwelle ist sehr begrenzt. Damit der Gyro die Auslenkung nicht über den erlaubten Bereich hinaus vollziehen kann, müssen Sie ihm das mitteilen. Aktivieren Sie daher wieder den Einstellmodus des Gyros und drücken Sie sooft den SET-Knopf, bis die LIMIT-LED leuchtet. Fahren Sie den Servo mit dem Heckknüppel zunächst vorsichtig bis an das eine Ende des Verfahrweges, anschließend behutsam an das andere Ende, damit der Gyro den Gesamtweg kennt. Benutzen Sie auch die Servoweglimitierung am Sender für eine Wirkbegrenzung des Heckknüppels.

Die Status-LED am Gyro hat auch im Normalbetrieb eine Bedeutung: Leuchtet die LED rot, so befindet sich der Gyro im *Normalmodus*, leuchtet sie grün, so ist der *Heading Hold*-Modus aktiv. Im *Normalmodus* steuert der Gyro ungewollten Bewegungen des Hecks kurzzeitig entgegen. Im Modus *Heading Hold* versucht der Gyro eine ungewollte Auslenkung des Hecks so lange wieder zu korrigieren, bis die Drehung vollständig zurückgenommen wurde. Welcher Modus aktiv ist, wird durch die Empfindlichkeit des Gyros bestimmt. Aus dem Gyro werden zwei Leitungen zum Empfänger geführt: die einadrige Leitung übermittelt dabei den Empfindlichkeitswert an den Gyro. Bis zu einer Empfindlichkeit von 50 % ist der Gyro im Normalmodus, von 50 % bis 100 % dagegen im Heading-Hold-Modus. Sie können den Unterschied in der Wirkungsweise der beiden Beriebsarten folgendermaßen prüfen: Drehen Sie den Hubschrauber ein wenig um die Hochachse.

Im Normalmodus wird der Gyro eine kurze Gegenbewegung des Heckservos ansteuern. Im Heading-Hold-Modus wird der Gyro den Heckservo jedoch so lange ausgelenkt lassen, bis Sie den Hubschrauber wieder in die Ausgangslage zurückgedreht haben.

Es macht Sinn, für eine Einstellung der Gyroempfindlichkeit auf dem Flugfeld einen Drehgeber am Sender so zu konfigurieren, dass dessen Wert direkt auf den Kanal für die Gyroempfindlichkeit wirkt. Achten Sie bei der Konfiguration darauf, dass der Geber nicht bereits auf einem anderen Kanal wirkt oder in der Grundeinstellung eine weitere Funktion zugewiesen bekommen hat.

3.6   Einstellung einer Gaskurve

Wenn Sie den Regler so eingestellt haben, wie es im Abschnitt 3.3.3 vorgeschlagen wurde, soll der Regler im Governor-Modus arbeiten. Das bedeutet, dass Sie eine konstante Gaskurve benötigen (Abb. 3.11). Setzen Sie für den Anfang den Gaswert auf 70 %. Trotz Sanftanlaufs ist es jedoch sicher keine schlechte Idee, den Gaswert bei Bedarf reduzieren zu können. Dazu bieten einige Sender einen *Gaslimit* an. Das ist eine Funktion, die den Gaswert auf dem Motorkanal durch einen unabhängigen Geber reduzieren kann. Sollte der Sender keinen dedizierten stufenlosen Gaslimit anbieten, können Sie diese Funktion mit einem Mischer nachrüsten. Suchen Sie sich bestenfalls einen Drehgeber am Sender aus, dessen Signal Sie auf den Gaskanal mischen wollen.

Kontrollieren Sie den Pitchbereich, damit Ihr Hubschrauber nicht ungewollt abhebt! Für den Beginn können Sie mit folgenden Zielvorgaben arbeiten (Vielleicht modifiziert der Hersteller das Modell in der Zukunft. Prüfen Sie die Spezifikation Ihres Modells, ob diese Werte erlaubt sind!):

- Pitchbereich: -2 bis 11 Grad
- Drehzahl: 3600 bis 4000 U/min

Zum Messen der Drehzahl gibt es verschiedene Messgeräte in allen Preisklassen. Der Hersteller rät von Drehzahlen über 4500 U/min ab, weil Sie das Modell oberhalb dieser Grenze außerhalb seiner Spezifikation betreiben würden. Aus Sicherheitsgründen sollten Sie die Vorgaben des Herstellers nicht ignorieren!

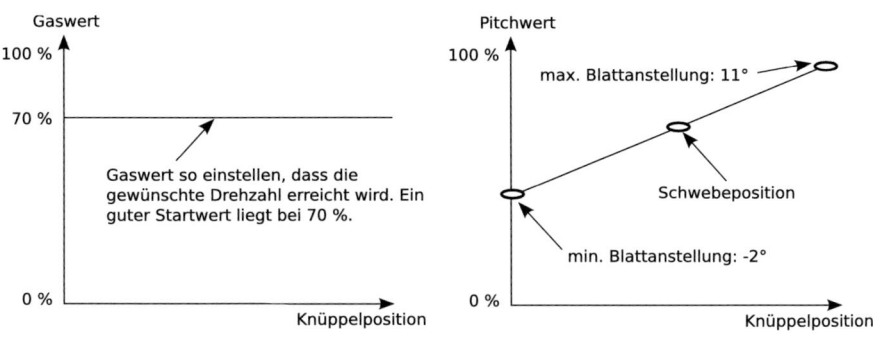

Abb. 3.11: Gas- und Pitchkurve am Sender

Haben Sie den Akku geladen? Bisher konnten Sie die meisten Einstellungen vornehmen, obwohl der Akku möglicherweise fast leer war. Damit der Motor die gewünschte Zieldrehzahl aufbauen kann, benötigen Sie jedoch einen geladenen Akku. Beachten Sie bitte die Bemerkungen zur Ladetechnik in Abschnitt 3.8.

Prüfen Sie alle Schrauben und Einstellungen. Die Schrauben in den Blatthaltern sollten nur soweit festgedreht sein, dass sich die Rotorblätter noch bewegen lassen. Erst dann schieben Sie den Motor soweit an das Hauptzahnrad heran, dass die Ritzel ineinander greifen. Suchen Sie sich eine große Fläche ohne Zuschauer aus, um das Modell mit wirksamem Motor einzuschalten. Beachten Sie die Einschaltreihenfolge: Erst wird der Sender, anschließend der Hubschrauber eingeschaltet! Seien Sie bei der ersten Inbetriebnahme besonders vorsichtig, denn auch ein kleines Hubschraubermodell kann Menschen oder Tiere erheblich verletzen!

3.7 Spurlauf

Ohne Feinjustage werden die beiden Hauptrotorblätter wahrscheinlich in unterschiedlicher Höhe rotieren (Abb. 3.12). Damit ist zwar prinzipiell ein Flug möglich, aber Sie werden das Gefühl haben, als ob der Rotor unsauber rotiert. Je ungenauer der Spurlauf eingestellt ist, desto mehr werden Sie den Eindruck gewinnen, einen fliegenden Teppichklopfer zu besitzen.

Für die Einstellung des Spurlaufs müssen Sie den Hubschrauber so weit entfernt von Ihnen aufstellen, dass Sie bei seitlicher Ansicht die Rotorebene noch deutlich erkennen können. Idealerweise befinden Sie sich dabei

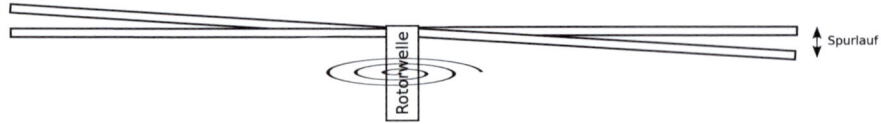

Abb. 3.12: Spurlauf

hinter einer Schutzscheibe. Markieren Sie die Rotorblattenden mit Aufklebern unterschiedlicher Farbe, um herauszufinden, welches Rotorblatt höher rotiert. Verändern Sie die Anlenkung wiederholend, bis beide Rotorblätter auf gleicher Höhe rotieren.

3.8 Ladetechnik

Sie sollten den T-Rex 250 mit einem dreizelligen Li-Po-Akku mit einer Kapazität von etwa 800-1000 mAh fliegen. Mittlerweile sind Li-Po-Akkus weit verbreitet und jedes moderne Ladegerät kann einen Akku diesen Typs laden. Li-Po-Akkus sowie Ladegeräte gibt es in den verschiedensten Qualitätsklassen und Preisen. Ein mehrzelliger Li-Po-Akku sollte in jedem Fall beim Laden ausbalanciert werden. Das bedeutet, dass die Zellen gleichmäßig geladen werden. Gute Akkus besitzen daher zwei Anschlüsse: ein Anschluss dient der reinen Stromversorgung, der andere ist ein Balancerstecker. Letzterer muss zum Laden an einem dafür vorgesehenen Balanceranschluss des Ladegeräts angeschlossen werden.

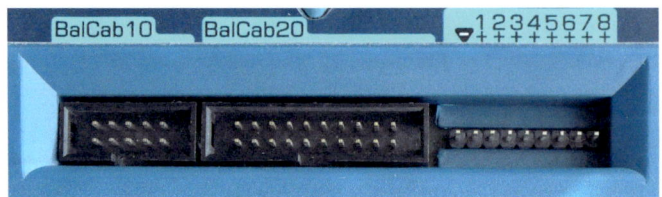

Abb. 3.13: Mehrere Balanceranschlüsse an einem Ladegerät

Der Balanceranschluss erlaubt dem Ladegerät, die Spannung einer jeden Zelle individuell während des Ladevorgangs zu messen und gezielt zu beeinflussen.

Auch hier gibt es leider verschiedene Steckertypen, so dass Sie möglicherweise selbst etwas basteln müssen. Einige Ladegeräte bieten mehrere Balanceranschlüsse (Abb. 3.13).

Kapitel 4

Häufige Fehler

Fehlerverhalten: Sie haben alles korrekt eingestellt, aber der Hubschrauber schafft es nicht, das Drehmoment des Hauptrotors auszugleichen? Der Hubschrauber dreht sich langsam, aber kontinuierlich?

Haben Sie die Drehrichtung des Heckrotors kontrolliert? Stimmt die Richtung nicht, sollten Sie prüfen, ob der Zahnriemen im Heckrohr richtig verdreht wurde. Der Riemen muss im Heckrohr eine Verdrehung von 90 Grad erfahren. In welche Richtung verdreht wird, entscheidet über die Drehrichtung des Heckrotors.

Fehlerverhalten: Mit zunehmender Drehzahl dreht der Hubschrauber um seine Hochachse.

Auch hier gilt, dass Sie zunächst die Drehrichtung des Heckrotors überprüfen sollten. Es kann jedoch auch eine zu geringe Drehzahl ursächlich sein, die dazu führt, dass der Heckrotor nicht schnell genug dreht, um genügend Kraft zum Ausgleich des Drehmoments des Hauptrotors aufzubauen. Haben Sie die Rotorblätter des Hecktrotors korrekt befestigt, d. h. zeigen sie in die richtige Richtung?

Fehlerverhalten: Der Hubschrauber hebt nicht vom Boden ab.

Es klingt trivial, aber immer wieder kommt es vor, dass der Akku nicht voll geladen ist oder ein unpassender Akku angesteckt wird. Je nach Konfiguration des Reglers reduziert der Regler die Motorleistung bei einem gewissen

Spannungspegel des Akkus!

Fehlerverhalten: Keine konstante Drehzahl im Governor-Modus

Dafür gibt es verschiedene Ursachen. Neben der Qualität des Reglers kommen auch einige selbst verschuldete Ursachen in Frage. Kontrollieren Sie, ob wirklich ein konstanter Gaswert über den gesamten Knüppelweg anliegt. Viele Sender können für solche Zwecke die Ausgangswerte auf den Kanälen darstellen. Manchmal wirken Trimmgeber auf der Gaskurve, dessen Einfluss Sie nicht vermutet haben. Beispielsweise wirkt der Drehgeber VR(C) bei der Futaba FF-10 in der Version des Autors auf die Gaskurve in der Nähe des Knüppelmittelpunktes, wenn man diese Trimmung nicht explizit deaktiviert.

Fehlerverhalten: Wirkung des Gyros unvorhersagbar

Sind Sie sicher, dass Sie jegliche Heckbeimischung am Sender deaktiviert haben? Wenn auf dem Heck ein Signal anliegt, welches abhängig von der Position des Gasknüppels ist, möchte der Gyro Bewegungen durchführen, die Sie gar nicht gewollt haben.